Das Medizinrad als Schlüssel zum Glück
Teil 3

Zur Erinnerung an Traudl und Tante Liesl, für Bernadette, Erika, Irene, Christine und alle, die im Frühling geboren sind, mir in irgendeiner Weise nahestehen und geholfen haben, diese Jahreszeit am Medizinrad besser zu verstehen

Rita Kasparek

Das Medizinrad als Schlüssel zum Glück Teil 3

Der Zauber des Frühlings

Bibliografische Information der Deutschen Nationalbibliothek:
Die Deutsche Nationalbibliothek verzeichnet diese Publikation in der
Deutschen Nationalbibliografie; detaillierte bibliografische Daten sind
im Internet über http://dnb.dnb.de abrufbar.

Das Buch beinhaltet den leicht veränderten und erweiterten Frühlings-
teil des Buches „Begegne HEUTE deinem Glück", erschienen 12-2011 im
Verlagshaus Schlosser, Friedberg

Illustration: Rita Kasparek
Bildnachweis Umschlagseite:
„Frühlingsenergie" ©Michaela Sommerfeld
Herstellung und Verlag: BoD – Books on Demand, Norderstedt

ISBN: 978-3-753-43904-4

Inhalt

Vorbemerkungen zum dritten Band

Lieber Leser! Liebe Leserin!

Herzlich willkommen! Du bist dabei, Dich auf die Frühlingsenergie des Indianischen Medizinrades von Sun Bear einzulassen. Wenn Du bereits den nördlichen Abschnitt dieses vollkommenen Kreises durchschritten hast, bist Du bereits bestens vorbereitet. Ansonsten empfehle ich Dir die beiden Bücher von Sun Bear, denen ich mein grundlegendes Wissen zu verdanken habe. Sun Bear war und ist es über seinen Tod hinaus ein wundervoller, gütiger Lehrer für alle, die einen NEUEN WEG einschlagen wollen.

Es mag ein wenig ungewöhnlich sein, nicht im Norden, also am Beginn des Rades, sondern im Osten zu beginnen. Doch für Menschen, die in dieser Jahreszeit geboren sind, scheint es der empfehlenswerte Ausgangspunkt.

Immer wieder beobachte ich mit Spannung und Freude gewisse, energetische Grundzüge und Übereinstimmungen, die - trotz aller beeindruckender Unterschiedlichkeiten und Prägungen - auf geheimnisvolle Weise bei allen Menschen des gleichen Geburtsmondes durchscheinen.

Genießen wir also diese Zeit der aufbrechenden Natur mit all ihren Vogelklängen, Düften und Blütenwundern in diesem Jahr besonders intensiv und öffnen wir unsere Sinne draußen, wo die Tiere und Pflanzen des Medizinrades WIRKLICH zu Hause sind.

**Lassen wir uns verlocken, im Geiste des Medizinrades
eine schöne, neue Welt zu kreieren!**

Praktische Anweisung

Am folgenden Legeplan kannst Du Dich orientieren, falls Dir das Medizinrad noch fremd ist oder auch, wenn Du momentan keine Zeit oder Gelegenheit findest, eines für Dich zu bauen.

Legeplan

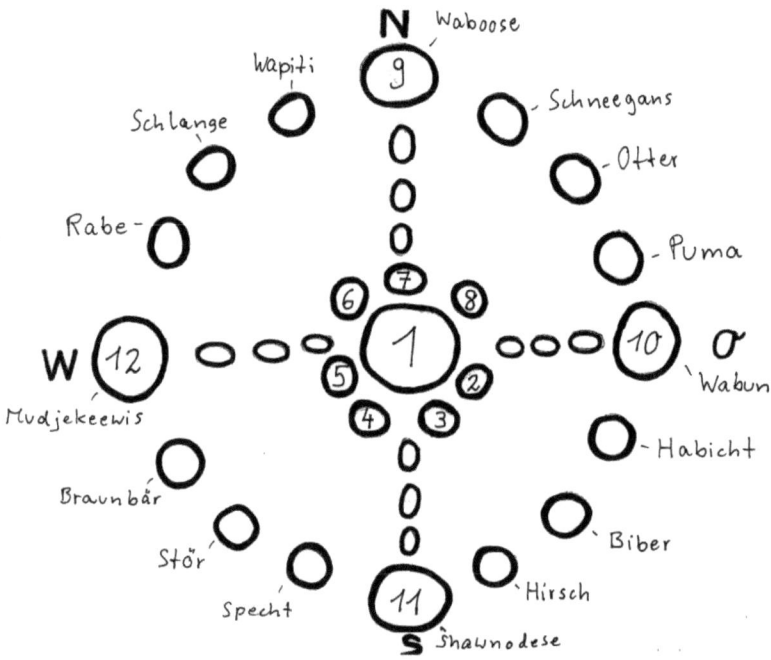

Wenn möglich, legst Du Dir natürlich Dein Medizinrad selber, z. B. mit Steinen oder Muscheln. (s. Literaturverzeichnis Sun Bear, „Das Medizinrad Praxisbuch")

Empfohlene Hilfsmittel

- Schreibzeug, Farbstifte und einen besonderen Lieblingsstift (z. B. golden)
- ein leeres Schreibheft
- täglich ca. 15 Minuten Zeit am Morgen oder am Vorabend, um das Thema den Tag über auf Dich wirken zu lassen

Bearbeite täglich eine Aufgabe, aber nie gegen Deinen erklärten Willen! Unangenehmes darfst Du einfach überspringen, bis irgendwann der richtige Augenblick dafür kommen wird.
Beachte: Immer wenn im Buch die Themen „inneres Kind" oder „Chakren" auftauchen, findest Du im Anhang bei den Chakren-Stationen (ab S.125) ein nützliches Hilfsmittel, um lösungsorientiert zu handeln.

Vielleicht grübelst Du ja bereits, ob nicht das ganze Unternehmen zu schwierig für Dich werden könnte. Sei unbesorgt!!! Wen das Medizinrad einmal gerufen hat, dem gibt es auch die nötige Unterstützung, die Zeit, die Erkenntnisse, die Geduld und all die Liebe, um diesen Weg auch voll GENIESSEN ZU DÜRFEN !

Mit der Wahl dieses Buches hast Du bereits entschieden, das Medizinrad im Frühling kennenzulernen. Das ist praktisch: So kannst Du im Einklang mit der Natur Deine täglichen Schritte tun und fühlst Dich voll eingebunden.
Aber hoppla, falls Du dieses Buch zu einer anderen Jahreszeit liest - auch schön. So kannst Du in Erinnerungen oder Vorahnungen schwelgen!
Lass uns gemeinsam anfangen! Zwischendurch kannst Du einfach mal eine Zufallsseite aufschlagen.

Am besten beginnst Du natürlich HEUTE

Der Übergang vom Winter zum Frühling

Spüre einmal genau hin! Ich bin sicher, es hat sich etwas in Dir verändert, nicht erst seit gestern, sondern in den vergangenen Wochen und Monaten.

Schneegans, Otter und Puma haben uns durch einen langen Winter begleitet, immer in dem Wissen, dass die Tage voranschreiten und heller werden. Nun ist es geschafft, der helle Tag und die dunkle Nacht halten sich die Waage. Der Frühling kann zu wirken beginnen.

Schauen wir heute noch einmal voller Dankbarkeit auf die Botschaft des Pumas zurück! Er hat uns gelehrt, unsere Sehnsucht nach dem Göttlichen nicht nur als innere Unruhe unseres Körpers, nicht bloß in Gedanken wahrzunehmen, sondern tief in unserem Herzen zu spüren, so dass es uns zugleich lachen und weinen lässt! Der „weihnachtliche" Versuch, Himmel und Erde miteinander zu verbinden, ist tatsächlich wahr geworden. Die heilenden Kräfte sind hier bei uns angekommen.

Hast Du den Winter mit seiner geheimnisvollen innewohnenden Fülle GUT durchschritten, mit all der Hoffnung im Herzen auf ein schönes, reiches Leben?
Prima, der Frühling erwartet Dich bereits!

Begeben wir uns jetzt also in den Osten des Rades!

Das Medizinrad im Frühling

Himmelsrichtung: **Osten**

Element: **Luft**

Geistiger Hüter: **Wabun**

Übergeordnetes Thema: **Geist**

Krafttier: **Steinadler**

Tageszeit: **Morgen**

Lebenszeit: **Kind**

Zugehörige Monate:

Mond der knospenden Bäume im Zeichen des Habichts:
21. März – 19. April

Mond der wiederkehrenden Frösche im Zeichen des Bibers:
20. April – 20. Mai

Mond der Maisaussaat im Zeichen des Hirsches:
21. Mai – 20. Juni

Die Frühlings-Energien: Bildtafel 1

Energiebild Frühling
©Michaela Sommerfeld

Energiebild Wabun
©Michaela Sommerfeld

Steinadler
Public Domain by U.S. Fish and Wildlife Service

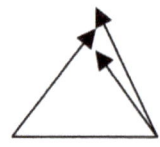

Feuer-Element

Erd-Element

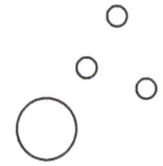

Luft-Element

Mond der knospenden Bäume

Habicht

Sprühende Energie

Intelligenz Optimismus Offenheit

Du machst mich furchtlos

Voranschreitend

Die Lernthemen

Der Frühling ist die Zeit des Neubeginns.
Spüre die aufsteigende Kraft in Dir!

Der Frühling ist die Zeit des Aufbruchs.
Wappne Dich für das Neue, das auf Dich wartet!

Der Frühling ist die Zeit der Zielsetzung.
Verfolge Dein Vorhaben mit Macht!

Der Frühling ist die Zeit der Klarheit.
Gehe Deine Vorhaben realistisch und zielbewusst an!

Energien des Habicht - Mondes Bildtafel 2

Habicht

Löwenzahn

Zypresse

Fichte

Brennnessel

Buche = Beech

Kaktus

Kirschpflaume

Flintstein Feuerstein

Carneol   Girasol

Feueropal

Am besten gehst Du Schritt für Schritt voran.

Du kannst Dich auch von der Bildtafel inspirieren lassen, wohin es Dich HEUTE zieht.

Solltest Du gerade nicht viel Zeit erübrigen können, dann mach wenigstens im ersten Band einen Abstecher zum Donnervogelklan! Hier wirst Du in aller Kürze über das Feuerelement des Habichts informiert und findest Antworten auf dringliche Fragen.
Danach besuchst Du zusätzlich den Geisthüter Wabun und bittest ihn um geistige Klarheit.

Bemerkst Du nach mehreren aufeinanderfolgen Tagen, dass Dir jeder Impuls schwerfällt, schau im zweiten Band, ob Du noch beim Puma festhängst.
Bei den Bach-Blüten habe ich eine Essenz entdeckt, die den Übergang vom gefühlvollen Mond der großen Winde (Puma) zum energiegeladenen Mond der knospenden Bäume (Habicht) erleichtert. Es ist die Kirschpflaume = Cherry Plum:

Ich erkenne die mir innewohnende Energie
und finde zu der mir eigenen Stärke.
Im Vertrauen auf mein Höheres Selbst lerne ich
alle meine Gefühle freundlich anzunehmen.
So erfahre ich Gelassenheit und innere Ruhe.

Wenn Du magst, wähle etwas aus, was Dich HEUTE besonders berührt hat und schreibe mit Deinem Lieblingsstift ins Lernheft:
Ich danke aus tiefstem Herzen für ....

21. März

Nur ein winziger Schritt trennt uns vom Winter. So behutsam der Übergang vom Puma zum Habicht auch stattgefunden haben mag, die Veränderung im Medizinrad springt geradezu ins Auge! Da ist die neue Himmelsrichtung, was natürlich eine neue Blickrichtung bedeutet und ein neuer geistiger Begleiter, der uns durch den ganzen Frühling führen wird!

Heute wollen wir uns als Erstes auf die veränderte Energiequalität einlassen, die uns im Zeichen des Habichts begegnet.

In der Tradition des christlichen Abendlandes beinhaltet der erste Frühlingsmonat die Zeit des Fastens und der Osterfeierlichkeiten. Dieser Spannungsbogen zwischen selbst gewähltem Verzicht und freiwilligem Leiden hin zur Gewissheit von Auferstehung und anhaltender Freude zeigt uns sehr anschaulich den zielgerichteten Fluss der neuen Energie.

Bitte male in Deinem Lernheft die geschwungenen Wasserlinien der Puma-Position, von der wir uns gestern verabschiedet haben. Darunter setze jetzt mit roter Farbe einen deutlichen Punkt, von dem aus Du einen sehr langen, kräftigen Pfeil nach oben zeichnest. Dieser Pfeil durchschneidet die Wasserlinien, geht aber gleichzeitig eine Verbindung mit ihnen ein.

Mach Dir bewusst, dass ohne die durchlebten, teilweise sogar erlittenen Gefühlstiefen die frisch aufbrechende Kraft ohne Wirkung bliebe!

Geh heute mit weit offenen Augen in die Natur und begegne dem Frühling!

22. März

Konntest Du spüren, wie sich die Energie in der kurzen Zeit verändert hat? Natürlich hängt dies viel mit unserer äußeren Wahrnehmung zusammen. Falls das Wetter mitspielt und die Sonne so richtig leuchtet, ist es leichter, dem Frühling zu begegnen.

In jedem Fall greifbar findest Du die neue Energie, wenn Du Dich nach Osten wendest. Hier empfängt Dich im Medizinrad der Geistführer Wabun, der Dir einen neuen Anfang zusichert.

Blicke hin zur Morgendämmerung, zur aufgehenden Sonne! Vielleicht öffnest Du dazu das Fenster, auch wenn es noch recht kalt ist, oder Du trittst vor die Haustüre. Nimm bitte aufmerksam wahr, wie die Tiere den Morgen begrüßen! Singe mit der Natur das Lied des Erwachens!

Alle Kinder, denen Du heute begegnest, werden Dich an das Wunder des neuen Anfangs erinnern. Beobachte ihre Kraft, ihre Unbekümmertheit, ihren Mut, etwas zu erproben, ohne gleich angstvoll zu hinterfragen, ob es auch richtig ist!

Nimm Dir in den nächsten Tagen die Zeit, alte Kinderfotos herauszukramen! Betrachte auch die Kinderfotos hinten in Anhang 1!

Wer warst Du selber, als Du noch Kind sein durftest?
Was hast Du geliebt?
Wie frei hast Du Dich gefühlt?

Beobachte heute aufmerksam und mit weit offenen Sinnen!

23. März

Konntest Du gestern in einem der beobachteten Kinder DIR SELBST begegnen? All die Kraft und Frische, die Du einst besessen hast und die natürlich noch immer in Dir verborgen und jederzeit verfügbar ist, brauchte Tragfesten und Stabilität, um zu gedeihen.

Im Medizinrad können wir die Voraussetzungen sehr schön ablesen. Da war im Winter Waboose, die weiße Büffelfrau, die uns wie in einem Hausboot durch die schwierigen Anfangsphasen geleitet hat. Es herrschte die verlässliche Erdenergie der Schneegans, die belebende Luftenergie des Otters und die reinigende Wasserenergie des Pumas.

In der Habicht-Position, wo zum ersten Mal im Jahr die Feuerenergie erwacht, die Du bereits als Pfeilsymbol im Lernheft eingetragen hast, werden wir von Wabun, dem Hüter des Ostens, gleichsam zu einer Ballonfahrt eingeladen. Wabun schenkt uns den geistigen Überblick, die Großzügigkeit und Weitsicht, um unseren Plänen Raum zu verschaffen.

Das Tiersymbol des Ostens ist der Steinadler. Schwinge Dich mit ihm hoch hinauf in die Lüfte! Genieße die Freiheit des Über-Allem-Seins, werde Du selbst zum König der Vögel, erlebe das stolze Bewusstsein und das Geschenk geistigen Wissens! Betrachte heute einmal unsere wundervolle Welt vom höchsten Gipfel aus!

Bitte notiere in Deinem Lernheft den Namen *Wabun*! Male alles, was Dir dazu einfällt und verankere tief in Dir diese einzigartige Erfahrung, ein geistig begabter, bewusst lebender Mensch sein zu dürfen!

Fühle Dich frei wie ein Vogel!

24. März

Bist Du gestern über Dich hinaus geschwungen? Hast Du größeren Überblick gewonnen und die freiere Sicht genießen können? Unter dem Schutz von Wabun erhalten wir während aller Frühlingsmonate Gelegenheit, unseren Gedankenreichtum zu entfalten und uns von allen Irrtümern zu befreien, die uns an alte, verbrauchte Sichtweisen binden. Beobachte heute aufmerksam Deine spontanen Reaktionen auf alles, was Dir begegnet! Prüfe aufrichtig und sorgfältig, wo Negatives in Dir aufsteigt, wo Du Dich innerlich verschließt, wo Du schwankend wirst und Dich in vergangene Muster verstrickst!

Damit neue Energien kraftvoll fließen können, ist es hilfreich, sich auf allen Ebenen zu reinigen. Vielleicht besitzt Du ein wenig Räucherwerk, das Du heute Abend für Dich anzünden möchtest. Besonders geeignet in der Zeit von Wabun wäre naturreiner Tabak oder Kinnick-Kinnick. Du könntest auch getrockneten Salbei, ein paar Zweige von Fichten oder Kiefern oder sonstiges getrocknetes Nadelholz dazu verwenden. Falls Du nicht räuchern möchtest, zünde alternativ eine Kerze an!

Atme tief den aufsteigenden Duft ein, fächle den Rauch in Deine gesamte Aura ein und streife mit beiden Händen nahe an der Körpervorderseite von oben nach unten, dann über den Kopf und den Rücken abwärts alles ab, was Dich jemals belastet, verletzt und beschmutzt hat!

Bitte notiere in Deinem Lernheft die Information der Tabakspflanze, die es als kalifornische Essenz Nicotiana zu kaufen gibt:

Ich erkenne die Wahrheit.
So werde ich frei für ein neues Denken.

Ich wünsche Dir die Erfahrung unverstellten Freiseins!

25. März

Hast Du Dich gestern ein wenig frei machen können von allem, was Dich bis jetzt gehindert hat, wirklich ganz neu anzufangen? Schau aus dem Fenster! Selbst wenn das Wetter zurzeit noch Kapriolen spielt, sogar wenn es noch Schneeflocken tanzen lässt, Du weißt es: Der Winter ist vorbei!!! Das Alte hat keine Macht mehr über Dich. Starte den Neubeginn!

Der eigentliche Motor tief in uns, der uns antreibt und vorwärts schiebt, ist die Energie des Feuers. Damit unser Seelenfeuer gleichmäßig brennen kann, nicht vorzeitig erlöscht und seine Kraft auch nicht in einem unergiebigen Funkenregen vergeudet, nährt uns Wabun mit seiner geistigen Ausrichtung.

Das „Feuer" selbst wird vom Roten Habicht entfacht, der im Medizinrad als Symbol steht für die Schärfe und Klarheit des Sehens, für Furchtlosigkeit und weise Voraussicht.

Nimm Dir heute die Zeit, Dich mit der Gattung der Habichte zu beschäftigen! Draußen auf dem Land ist es nichts Ungewöhnliches, diese Vögel hoch droben kreisen zu sehen und ihre schrillen Schreie zu hören. Es wirkt unglaublich beruhigend und konzentrationsfördernd, den gleichmäßigen Flug des Habichts zu beobachten, vielleicht sogar seinen gezielten Sturz aus höchster Höhe, um ein für uns nicht sichtbares Nagetier zu erbeuten.

Mach Dich heute Nacht dafür bereit, dass der Habicht Dich in Deinen Träumen aufsuchen darf, um seine Kraft mit Dir zu teilen!

Lass einfach geschehen, dass Neues in Dir aufbricht!

26. März

Hast Du Deinem persönlichen „Habicht" begegnen dürfen? Wenn nicht, kannst Du gewiss sein, dass er bereits auf Dich wartet! Der Habicht symbolisiert Deine Fähigkeit zu Optimismus, Offenheit und Intensität. Alle neuen Ideen, die schon in Dir schlummern und ans Tageslicht wollen, warten ja nur auf Deine Erlaubnis, sich zu zeigen und zu verwirklichen.

Bitte sammle heute aufmerksam all die Bereiche Deines Lebens, in denen Du Dir Veränderung erhoffst! Was hast Du Dir für das neue Jahr gewünscht? Auf welchen Gebieten hast Du Dein Potenzial bisher zu wenig ausgeschöpft? Wobei fühlst Du Dich schon seit langem unzufrieden, unglücklich oder gelangweilt?

Notiere in Deinem Lernheft sehr ehrlich alle Deine „Notstandsgebiete"!

Aus tiefem Herzen wünsche ich mir Veränderung in den Bereichen
- *Gesundheit*
- *Freisein von Zwängen oder Süchten*
- *Aussehen, Erscheinung*
- *Beruf*
- *Finanzielles*
- *Freizeit, Erholung*
- *eigene Fähigkeiten, Verhalten*
- *Familie*
- *Partnerschaft*
- *Freundeskreis*
- *Sexualität*
- *Wohnsituation*
- *Spiritualität*
u.u.u.

Ich wünsche Dir und mir heute den Mut, genau hinzusehen!

27. März

Hast Du gestern Lust auf Veränderung bekommen? Stürze Dich auf diesen Bereich wie der Habicht auf die Maus, die er nach geduldigem Warten endlich für sich entdeckt hat! Lass keine Zeit verstreichen, solange Dein Wille Bereitschaft signalisiert, Dich zu unterstützen! Wenn mehrere Bereiche zur Bearbeitung anstehen, wirst Du schnell feststellen, dass sie irgendwie zusammenhängen. Egal, an welchem Ende Du beginnst, wichtig ist bloß, DASS DU ANFÄNGST!

Schreibe heute bitte in Deinem Lernheft in Stichworten alles auf, was Dir zu Deinem Erneuerungsvorhaben einfällt: *Namen, Gegenstände, auftauchende Ängste, hilfreiche Maßnahmen, Telefonnummern,*
....
Vertraue Deinem Höheren Selbst, dass es Dir heute genau die Informationen zukommen lässt, die Du benötigst!
Hole Dir auch Unterstützung am Medizinrad!
Wenn wir einen Blick auf den inneren Kreis werfen, sehen wir, dass der Habicht ein Teil der Familie des Donnervogels ist.
Nachdem wir uns im Winter mit Schildkröte, Schmetterling und Frosch vertraut gemacht haben, begegnet uns nun als Viertes ein mythologisches Tier.
Die Indianer kennen viele Geschichten über den Donnervogel, seine wunderbare Kraft, seinen Mut, seinen Willen, in höchste Ebenen aufzusteigen, seine Nähe zum Göttlichen, aber auch seine Selbstüberschätzung, die schließlich dazu führte, dass er zur Unsichtbarkeit und zum Dienst an den Geschöpfen der Erde verurteilt wurde.
So dient uns der Donnervogel, indem er uns Energie und Durchsetzungsvermögen schenkt.
Lass Dich von seiner feurigen Kraft durchdringen und höre seine Mahnung, Licht und Wärme in die Welt zu bringen!
Dieses große Ziel vor Augen wirst Du mit Lust und Freude in Dir selbst Veränderung schaffen können!

Entzünde Dein inneres Feuer!

28. März

Bestimmt hast Du Dich bereits für einen Bereich entschieden, der schon begierig auf Veränderung hofft. Bevor Du jetzt so richtig loslegen kannst, halte noch einen Moment inne!
Genau wie ein besonnener Bergsteiger vorher die Route plant, den Wetterbericht studiert und seine Ausrüstung prüft, sollten auch wir zuerst alle Kräfte sammeln, bevor wir ans Werk gehen!

Wirf einen kleinen Blick zurück! Inwieweit hast Du während der Schneegans-Position sorgfältige Vorkehrungen getroffen?

-Hast Du Deine Schränke aussortiert, Schreibtisch und Ordner übersichtlich gestaltet, Dich von unnötigem Ballast verabschiedet?
-Ist Dir das Schaffen und Einhalten einer sauberen, ordentlichen Umgebung zur guten Gewohnheit geworden?
-Hast Du Dich einer körperlichen Reinigung unterzogen?

Prima, ansonsten wäre auch heute noch Zeit. Du weißt ja, der RICHTIGE Augenblick ist immer JETZT!

Kontrolliere nun noch mal die Fortschritte, die Du während der Otter-Position machen durftest:
Welche Gedanken haben Dich in den vergangenen Tagen begleitet, als Du Dich mit den bevorstehenden Änderungen auseinandergesetzt hast? Haben Dich Deine Ideen vor lauter Erwartung das Herz höherschlagen lassen, oder schleichen sich noch die alten, niederdrückenden Überbleibsel ein, von wegen „Das schaff ich ja doch nicht! Das ist ja viel zu anstrengend, zu aufregend, zu teuer, zu langwierig ...“ oder „Was werden denn da die Leute denken!“ oder „Es ist sowieso hoffnungslos. Ich hab es schon zum X.-Mal versucht!“

Falls Dich wirklich etwas in dieser Richtung aufhält, beschäftige Dich (vielleicht in Deinem Lernheft?) noch mal mit den Blüteninformationen, denen wir im Winter beim Otter begegnet sind:

Zitterpappel = Aspen   Kiefer = Pine   Lärche = Larch

Aspen = Zitterpappel
Ich entwickle erhöhte Wahrnehmungsfähigkeit und Intuition,
überwinde meine Ängste
und gewinne Vertrauen in das Leben und in Gott.

Pine = Kiefer
Ich nehme meine innere spirituelle Führung wahr
und vertraue ihr.
So fühle ich mich zufrieden, harmonisch und ausgeglichen.

Larch = Lärche
Indem ich mir meiner erhöhten Wahrnehmungsfähigkeit
und meiner vielfältigen Begabungen bewusstwerde,
erlange ich Selbstvertrauen und Durchsetzungskraft.

Nütze diese Zeit des Innehaltens auch zu einem aufmerksamen Gang durch die Natur!

Öffne alle Deine Sinne für den beginnenden Frühling!

29. März

Hast Du Dich gestern von der Natur ein wenig inspirieren lassen, wie Du Deinem Ziel schnell näherkommen kannst? Nicht umsonst nennen die Indianer die Position des Habichts den „Mond der knospenden Bäume".

Wenn Du heute draußen Deine Wege gehst, betrachte aufmerksam alle Bäume und Sträucher! Prüfe, wie dick aufgeschwollen manche Knospen sind, wie sie schon „in den Startlöchern stehen", um die ersten Blüten oder Blättchen zu schieben!

Berühre die Knospen mit all Deiner Liebe, um Kontakt aufzunehmen mit dem Leben, das ihnen innewohnt! Feiere ein Fest mit den ersten Blüten, die bereits aufgebrochen sind!

Und nun freue Dich auf Deinen ureigenen Neuanfang, der Dir bereits so nahe gerückt ist!

Fasse Dein Ziel in klare Worte, die sich einbrennen und Dich von nun an begleiten! Probiere auf einem Zettel, bis die Worte perfekt zu Dir und Deinem Vorhaben passen: **Was** möchtest Du erreichen? Bis **wann** genau willst Du eine Veränderung spüren? **Wie** wirst Du **fühlen** können, dass Du am Ziel bist?

Bitte beachte bei Deiner Formulierung, dass Du positive, aufbauende Worte verwendest!

Die Wörter *nicht, nie mehr, müssen und sollen* kannst Du gleich streichen! Setze Dein Ziel in die Gegenwart: **Ich tue, ich mache, ich spüre** anstelle von *ich werde* oder *ich will*!

Wenn Du mit Deiner Formulierung ganz zufrieden bist, wenn das Ziel so vor Deinen Augen steht, dass es Dich ganz erfüllt mit Vorfreude und Begeisterung, nimm Deinen Lieblingsstift und schreibe diesen kostbaren Satz in Dein Lernheft!

Dies ist Dein erster Schritt in eine wunderbare Zukunft!
Lass Dir gratulieren!!!

30. März

Dein Ziel steht also fest?! Wie GUT, zu wissen, wohin die Reise geht! Nun lass uns das Bündel schnüren, damit Dir der Weg leicht fällt und Du, zu der von Dir festgesetzten Zeit, Deinen Erfolg begrüßen kannst!

An der Aufteilung des Medizinrades in vier gleiche Teile können wir ablesen, welche Lernaufgaben zu berücksichtigen sind:

-erstens der Körper, dem wir uns den ganzen Winter hindurch gewidmet haben.

-zweitens der geistige Bereich, das große Frühlingsthema!

-zum Dritten der seelische, emotionale Bereich, mit dem wir uns vorrangig im Sommer beschäftigen werden.

-und schlussendlich der spirituelle Bereich, der uns im Herbst ganz zur Mitte, zum Göttlichen führen soll.

Jedes unserer Ziele oder Vorhaben lässt sich nur durchsetzen, wenn unter diesen vier Anteilen ein gesundes, harmonisches Gleichgewicht herrscht.

Beginnen wir heute also mit dem Körper, da uns diese Arbeit schon recht vertraut ist!

Du weißt aus Erfahrung, dass der physische Anteil zwar gut regiert werden kann, aber Du benötigst dazu Kraft, Energie und Ausdauer.

Lass Dich vom Feuerelement des Habichts und des Donnervogels unterstützen, wann immer Dir eine Aufgabe beschwerlich oder gar unmöglich scheint!

Setze Deine Anforderungen immer ein kleines bisschen höher als Du es bislang gewohnt bist:

Schraube z. B. den Duschknopf auf eine etwas niedrigere Temperatur oder übe Dich in Wechselduschen!

Turne bei geöffnetem Fenster! Geh vor dem Frühstück fünf Minuten vor die Haustüre!

Nimm die Treppe, steigere Dein Lauftempo oder wähle heute einen beschwerlichen Weg!

Du siehst schon, es sind die ganz banalen Dinge, die Dein Leben verändern! Du kennst Dich selbst am besten und weißt genau, an welchem Punkt DU ansetzen kannst, damit Gewohnheiten durchbrochen werden, damit Veränderung spürbar und sichtbar wird.

Schau nach Deiner kleinen Körperübung in den Spiegel!
Begrüße Dein verändertes Aussehen!

Donnervogel
©Verena Gerloff

31. März

Hast Du Deinen Körper schon ein wenig herausgefordert? Solange es morgens noch so empfindlich kühl ist, geht das ja ganz leicht!

Vergleiche nun den Unterschied zwischen dem winterlichen Ausgefrorensein und dem absoluten Hochgefühl, sich FREIWILLIG einem Kältereiz auszusetzen!

Merkst Du, wie eng die verschiedenen Bereiche ineinander verwoben sind? Wo „der Kopf" sich sträubt und jammert: *Ich kann nicht!* ODER *Das tut weh!*, macht der Körper schon längst seine GUTEN Erfahrungen, schenkt uns geistige Erfolgsmeldungen und baut auch noch unser Gefühlsleben auf!

Falls Du das Aufbrechen alter Gewohnheiten wieder einmal als besonders schmerzvoll erlebst, hole Dir schnell Hilfe in der gerade erst durchschrittenen Puma-Position! Da haben wir gelernt, Schmerzen zu lindern, indem wir sie einfach DA SEIN lassen und ihnen keinen Widerstand entgegensetzen. So kann der Schmerz „auftauen" und von Dir abfließen.

Während Du heute all dies noch mal auf Dich wirken lässt, halte bitte draußen Ausschau nach den ersten Löwenzahnblättern! Sie sprießen schon recht üppig. Merke Dir einen hausnahen, geeigneten Standort (ungedüngt, ungespritzt, möglichst unbelastet vom Straßenverkehr)! Du wirst die Blättchen in den kommenden Tagen jeweils vor dem Frühstück ernten wollen!

Die folgende Anleitung zur Herstellung eines „Grünen Getränkes" hat mir vor Jahren eine liebe Freundin zukommen lassen (Danke, Irina!).

Mixe 1 - 3 frische zarte Löwenzahnblätter mit einem Glas reinen Wassers (ohne Kohlensäure!). Zur Verbesserung kannst Du noch einen grünen Heilstein in das Glas legen! Nun lasse das grüne Getränk ein paar Minuten stehen! Seihe die Flüssigkeit durch ein Teesieb ab! Genieße es schluckweise 15 Minuten vor dem Frühstück! Du wirst staunen, wie gut es Dir tut!

Viel Erfolg bei der „Löwenzahn-Jagd!"

1.April

Hast Du gespürt, wie rasch es uns der Körper dankt, wenn wir es ihm gut meinen?

Steigere Deine Anforderungen jeden Tag ein kleines bisschen, um die belebende Wirkung täglich erfahren zu können! Wenn Du schon vortrainiert bist, könntest Du das morgendliche Ernten der Löwenzahnblätter beispielsweise mit Tautreten verbinden!

Solltest Du keine Möglichkeit besitzen, frischen Löwenzahn zu bekommen, kannst Du Dir ersatzweise einen Tee aus Löwenzahnkraut oder Wurzeln (in der Apotheke erhältlich) zubereiten.
In jedem Fall tust Du damit Leber, Galle und Darm etwas Gutes und kannst Dich mühelos entgiften und entschlacken, was auch bei Rheuma, Gicht und Arthritis sehr hilfreich ist.

Beachte bitte beim Gebrauch von Kräutertees und grünen Getränken, dass sie am besten bei Bedarf**,** kurmäßig aber **nicht länger als drei Wochen** angewendet werden dürfen! Lieber öfter mal abwechseln!

Bei Deinem nächsten Spaziergang wirf Dein Augenmerk auf schöne Flusssteine und bring Dir einen mit nach Hause!

Halte Dich in Bewegung und genieße die Gaben der Natur in vollen Zügen!

2. April

Nachdem uns der Löwenzahn schon für den Körper soviel Gutes tut, kann er uns auch noch im geistigen und emotionalen Bereich sehr hilfreich unterstützen. Da wir ja seit einigen Tagen ein konkretes Ziel vor Augen haben, das wir in absehbarer Zeit auch wirklich erreichen wollen(!), sollten wir natürlich jedes Angebot nutzen!!

Der Löwenzahn wird als kalifornische Essenz Dandelion schon seit vielen Jahren erfolgreich angewandt, wenn sich Menschen überfordert fühlen, zu ehrgeizig sind und sich unter hohen Druck begeben, wenn Emotionen verdrängt wurden und endlich freigesetzt werden dürfen. Auch bei psychosomatischen Beschwerden wie Muskelverspannungen, Schlafstörungen und Bettnässen ist sie oft wirksam.

Du siehst schon, inwiefern dies alles unserem Vorhaben entgegenkommt, die eigenen Ziele locker und frohgemut anzugehen. Du kannst einige Tropfen Dandelion zur Entspannung dem Badewasser zufügen!

Damit auch „Dein Kopf" sich mit den heilsamen Informationen des Löwenzahns auftanken kann, notiere bitte in Deinem Lernheft:

Ich fühle, wie sich verdrängte Emotionen lösen.
So kann ich mich entspannen und bin gut geerdet.
Optimistisch und offen für Neues lasse ich mich
von der Kraft meiner Energien tragen.

Ich wünsche Dir einen frohen, leichtgemuten Tag!

3. April

Sicherlich kannst Du die Veränderungen spüren, die Du in so kurzer Zeit zuwege gebracht hast. So viel Kraft, die in Dir steckt!

Heute werden wir versuchen, auch den spirituellen Anteil in uns zu stärken. Je mehr wir uns von den Höheren Mächten führen lassen und diese Unterstützung freudig annehmen, desto besser wirken all die kleinen Hilfsmaßnahmen, die wir uns zur guten Gewohnheit werden lassen.

Probiere bitte heute ein kleines Morgenritual, um Deine Chakren in ein harmonisches Gleichgewicht zu bringen!

Stelle Dich aufrecht hin, die Beine fest am Boden verankert!

Hebe nun die linke Hand über dem Kopf nach oben und zeige mit der rechten Hand in Höhe des Schambereiches nach unten!

Während Du so das Scheitelchakra mit dem Wurzelchakra verbindest, sprich den ersten Satz des folgenden Segensgebetes:

Ich erfreue mich meiner Freiheit.

Nun führe die linke Hand vor die Stirn, die rechte Hand unterhalb des Nabels und verbinde so das Stirnchakra mit dem Sakralchakra!

Sprich dazu:

Ich unterwerfe mich dem Willen Gottes.

Während Du die linke Hand vor Deinem Hals hältst und die rechte Hand vor dem Solarplexus, erfolgt der Ausgleich zwischen Kehlchakra und Nabelchakra.

Hierbei lautet der Satz:

Herr, schenke Du mir deine Liebe!

Zum Abschluss lege beide Hände in Brusthöhe übereinander, aktiviere so Dein Herzchakra und sprich:

Erfülle Du mein Herz mit Deiner Zärtlichkeit!

Bei allen spirituellen Übungen ist es wichtig und heilsam, sich hinterher zu bedanken!

Ich wünsche Dir einen gesegneten Tag!

4. April

Nachdem Du alle Dir innewohnenden Bereiche gestärkt hast, bist Du wirklich gut genug gerüstet, um Dich auf Deinen ureigenen Weg zu machen.

Lies bitte zunächst noch mal nach, was Du am 29. März aufgeschrieben hast!
- *Hast Du Dein Ziel wirklich genau so formuliert, wie Du es haben möchtest?*
- *Sind die Zeitangaben realistisch?*
- *Gibt es irgendwelche Einwände, die Du vorher noch ausräumen willst?*
- *Haben Dich die Menschen Deiner nächsten Umgebung vielleicht verunsichert und Du musst erst noch mal richtig Vertrauen fassen?*

Es ist DEIN Ziel und DU darfst jederzeit die Formulierungen ändern und anpassen! Nur eines tue bitte nicht: Schiebe Dein Ziel nicht auf, verwirf es nicht ganz!
Bleibe Dir und Deinen Wünschen treu, bleibe Dir treu!

Betrachte den Stein, den Du gefunden hast, oder suche Dir heute einen dieser kraftvollen, verständigen Begleiter aus der Natur! Wie überall im Medizinrad gibt es auch in der Habicht-Position kostbare Heilsteine, Carneol, Feueropal und Girasol, mit denen wir in der vierten Woche arbeiten wollen. Doch ganz typisch sind die einfachen Flusssteine, auch Flintsteine genannt, die Du auf Schritt und Tritt finden kannst.

Betrachte den Stein, den Du für Dich ausgewählt hast. Hat er eine besonders hübsche oder interessante Zeichnung? Gefällt Dir seine Färbung?

Schließe die Augen und fühle, wie angenehm er in Deiner Hand liegt!

Trage diesen Stein die nächsten Tage immer bei Dir, damit er Dich behutsam, aber auch hartnäckig an Dein Ziel erinnern kann!

Bitte denke daran, dass Du Dich bei der Natur für diese besondere Gabe bedankst! Die Indianer legen, wenn sie Steine, Pflanzen oder Federn an sich nehmen, an der Fundstelle immer eine kleine Gegengabe nieder, z. B. ein Haarbüschel, ein wenig Maismehl o.ä. Das schult unsere Achtsamkeit und stärkt unser Zugehörigkeitsgefühl!

Einen ereignisreichen Tag bis morgen!

5. April

Hast Du DEINEN Stein griffbereit bei Dir?
Während Du ihn festhältst, konzentriere Dich auf das Ziel, das vor Dir liegt! So unverwüstlich und stark wie dieser Stein, so groß und felsenfest ist Dein Wunsch, der Dich beseelt.

Von allen Flusssteinen passt am besten der Feuerstein in den Mond der knospenden Bäume. Erinnerst Du Dich an einen Moment Deiner Kindheit, als Du zum ersten Mal diesen ganz besonderen Stein gefunden hast? Bestimmt war ein lieber Mensch bei Dir, Deine Oma, Dein Vater oder Großvater vielleicht, denn der Feuerstein ist äußerlich so unscheinbar, dass man ihn nicht so leicht erkennen kann. Aber welch unverwechselbarer Geruch entfaltet sich, wenn er angeschlagen wird und wie von Zauberhand die Funken sprühen!
Lass Dich von Deinem Ziel berühren, so dass Dein inneres Feuer entfacht wird!
Überlege heute, welchen Schritt Du als Allererstes tun möchtest!
Bevor das große Feuer brennt, braucht es viele kleine Funken.

Sammle die anstehenden Arbeitsschritte in Deinem Lernheft, damit die große Aufgabe, die vor Dir liegt, überschaubar und damit leichter machbar wird!
Falls Du nicht weißt, wo Du genau anfangen sollst, lass Dir von lieben Menschen helfen, die diese Schritte bereits getan haben! Suche Dir ein Vorbild!

Ich wünsche Dir gute Ideen und hilfreiche Unterstützung von allen Seiten!

6. April

Bist Du Deinem Ziel schon einen kleinen Schritt nähergekommen? Es ist ganz normal, wenn sich auf dem begonnenen Weg gleich zu Beginn die ersten Stolpersteine melden.

Achte sorgfältig auf alle versteckten Hinweise, die Dich an Deinem Fortschritt hindern wollen. Alte gewohnheitsmäßige Reaktionen werden sich noch öfter mal melden. Entscheidend ist nur, sie sofort zu identifizieren und sich ihnen mutig zu stellen!

Deshalb hast Du für Deinen Neubeginn genau den richtigen Zeitpunkt gewählt, weil der Habicht wie kein anderes Zeichen des Medizinrades Deine Willenskraft nach außen hin fördert und stärkt.

Betrachte heute die Zypressen! Sie stehen in vielen Gärten, ohne dass die Besitzer ihre hilfreichen Funktionen zu würdigen wissen. Macht nichts, die Bäume schenken uns ihre Unterstützung einfach durch ihr Dasein.

Für die Schärfung unseres Willens können wir von ihnen lernen, nicht allzu aggressiv und voranschreitend, sondern lieber achtsam und gelassen vorzugehen.

Gerade wenn wir etwas Neues beginnen, reagiert unser Körper schnell unwillig. Falls Dich also jetzt im April eine fieberhafte Erkältung oder der Husten plagen will, könntest Du beispielsweise eine Abkochung aus Zypressennadeln und jungen Zweigen nutzen. Wir müssen bei solchen Momentanreaktionen nicht sofort zu starken Geschützen greifen.

Ganz besonders hilfreich ist die Information der Zypresse für die Festigung unseres Geistes. Bitte notiere im Lernheft:

Dank der Kraft meines Willens lerne ich mich
auf das Wesentliche zu konzentrieren.
Die Klarheit des Denkens hilft mir,
Ziele zu setzen und zu erreichen.

Viele gute Gedanken, besonders draußen an der frischen Luft!!

7. April

Wie geht es Dir heute? Beobachte genau, wie Dein Körper und Deine Psyche reagieren, seitdem Du Dich auf Deinen Weg gemacht hast! Kannst Du gut schlafen? Fühlst Du Dich ruhig und gelassen oder bringen Dich auf einmal selbst Kleinigkeiten aus dem Gleichgewicht?

Bist Du vielleicht einfach zu sehr unter Druck, weil Du glaubst, schnelle und nachweisbare Erfolge erzielen zu müssen? Bitte, erinnere Dich immer wieder: Ein MÜSSEN gibt es nicht! Der Wille ist uns nur dann zu Diensten, wenn wir ihn sanft und entspannt in die gewünschte Richtung fließen lassen!

Doch wie soll das funktionieren?

Probiere es wieder einmal mit Deinem Segensgebet! *„Ich unterwerfe meinen Willen dem Willen Gottes"*. Genau darum geht es!

Hilfreich ist auch das Zwölf-Schritte-Programm der Anonymen Alkoholiker. Es lässt sich immer anwenden, wenn jemand frei von Sucht und Zwang werden möchte, und es ist auch uns von Nutzen, wenn es uns schwer wird, ein Ziel zu erreichen. Um solch hohen Anforderungen gerecht zu werden, steht an erster Stelle die Anerkenntnis der eigenen Machtlosigkeit. Der zweite Schritt ist der Glaube, dass eine Macht, größer als wir selbst, uns das geben kann, uns dahin führen kann, was wir aus eigener Kraft nicht erreichen können. Jetzt braucht es nur noch den <u>Entschluss,</u> unseren Willen und unser Leben Gott anzuvertrauen.

Wenn Du am Medizinrad stehst, so wie jetzt, zur Zeit des Habichts, erfüllt von dem Wunsch, diese wunderbare Willenskraft in Dich einströmen zu lassen, wird Dein Blick wie von selbst zum Zentrum des Kreises gezogen.

Egal an welcher Stelle wir stehen, die Mitte, von der wir ausgesandt wurden und zu der wir zurückgehen werden, die Indianer nennen es den Großen Geist, bleibt immer in unserem Blick.

Bitte hole Dir hier die Kraft, die Du brauchst, um voranzugehen! Hole Dir hier den Mut, um weiterzumachen! Hole Dir hier die Liebe, Dein Tun mit Leben zu erfüllen!

Einen „wunderbaren" Tag bis morgen!

8. April

Wie geht es Dir damit, Dein Vorhaben und alles, was damit zusammenhängt, in die Hände der höheren Mächte zu legen?

Je öfter es Dir gelingt, wirklich ALLES, was Dir begegnet, GUT zu heißen, das bedeutet, ES ZU SEGNEN, desto leichter wird Dir Dein Lebensweg erscheinen.

Freilich, so ganz einfach mag das nicht immer sein. Obwohl wir ja den Blick im Frühling tapfer nach vorne richten, um weit ausschreiten zu können, holt uns die Vergangenheit doch häufiger ein, als uns lieb ist.

Lass Dich von den alten Gespenstern nicht einfangen! Du hast schon viel zu lange unter ihnen gelitten! Erbitte Dir die Hilfe von OBEN, so bald Du spürst, wie Dein Gleichgewicht ins Wanken gerät! Es ist einfach Tatsache: Du verdienst nur Gutes! Die Liebe ist Dein Dir angeborenes Lebensrecht! Beschneide Dir Dein Wohlgefühl nicht dadurch, dass Du das Alte wieder hochkommen lässt!

Betrachte bitte heute beim Gang durch die Natur die Fichten! Sie haben ihr herrliches Grün den ganzen Winter durch behalten. Mit ihrer Spitze zeigen sie geradewegs zum Himmel.

Geh in Verbindung mit der Fichte, nimm Dir ihre Kraft und Stärke, sei erfüllt von ihrer Zuversicht!

Bitte notiere Dir im Lernheft die Information der Fichten-Essenz:

Ich kann Vergangenes und Unbearbeitetes abschließen.
So fühle ich mich wieder lebendig und öffne meine Seele.
Sprühend vor Energie schreite ich voller Optimismus furchtlos voran.

Ich wünsche Dir einen frohen, hellen Tag!

9. April

Hast Du schon mit der Fichte Freundschaft geschlossen? Wie schön! Bäume sind wirklich die geborenen Kraftspender.
Jedes Mal, wenn Du für Dein Wohlbefinden oder gar zu Heilzwecken Pflanzen ins Haus holst, solltest Du Dir ihr geistiges Wesen ins Bewusstsein rufen, um Dir nicht nur auf der körperlichen Ebene Gutes zu tun, sondern für Deine anderen, so wichtigen Energiebereiche Unterstützung zu sammeln!

Mit dem besonderen Wesen der Fichte haben wir uns gestern bereits vertraut gemacht. Vielleicht möchtest Du ihre Knospen und jungen Triebe ernten, um einen Sirup oder Honig zuzubereiten.
Der abgekochte Sud wirkt äußerlich angewandt aktivierend auf den Blutkreislauf.
Nach anstrengender sportlicher Betätigung, besonders wenn Du Dir „mehr Bewegung" zum Ziel gesetzt hast, ist der Zusatz einer Handvoll Triebe und kleiner Zweige im Badewasser sehr wohltuend!

Gönne Dir einen ausgiebigen Gang durch die Natur und beobachte den aufbrechenden Frühling mit all Deinen Sinnen!
Jede Frühlingsblume, jeder Strauch, jeder Baum befindet sich genau wie Du in der Phase des Aufbruchs. Frische Kräuter schießen geradezu aus der Erde. Die Vögel überschlagen sich vor Eifer mit ihrem Gesang und bei den Vorbereitungen des Nestbaus. Auf den Gewässern schwimmt bereits der abgelegte Laich der Frösche, die ihr Winterquartier verlassen haben.
Wie wunderbar, dass Du Dich gleichzeitig mit der Natur auf den Weg gemacht hast! Gehe heute den Weg Deines Herzens!
Denke bitte auch beim Einkauf oder wenn Du Freunde triffst, an die noch ausstehenden Monatssteine Carneol, Girasol und Feueropal, damit Du sie nächste Woche zumindest in Deiner Vorstellung parat hast! (Farbtafel S. 14)

Genieße diesen schönen Tag!

10. April

Hast Du gestern die aufschießende Natur beobachten können und Dich von ihr begeistern lassen?

Wenn Du täglich morgens Dein grünes Getränk zu Dir nimmst, kann die belebende Energie des neuen Anfangs tief in Dich eindringen. Da der Löwenzahn mancherorts schon die ersten Blütenknospen ansetzt, wird es Zeit, uns nach einer weiteren Pflanze umzusehen, die für einen stärkenden Morgentrunk geeignet ist.

Entdecke bitte heute die vielen jungen Brennnesseln, die sozusagen „vor Deiner Haustüre" aufsprießen, ohne groß beachtet zu werden! Doch welch köstliche Kraft steckt in ihnen! Betrachte sie heute einmal liebevoll und mit gebührendem Respekt ganz aus der Nähe. Du wirst staunen, wie hübsch sie sind, besonders in der ersten Wachstumsphase!

Für Dein grünes Getränk wählst Du ein paar kleine frische Blättchen, die Du sorgfältig von außen nach innen zusammenfaltest, um Dich nicht zu brennen.

Danach abwaschen, mit einem Glas reinen Wasser mixen, mit einem grünen Heilstein zusammen ca. 10 Minuten stehen lassen, abseihen und genießen!

Während Du Dich heute auf Brennnesselsuche begibst, studiere bitte sorgfältig die unterschiedlichen Standorte, die sich diese urwüchsigen wilden Pflanzen auswählen! Sie sind praktisch mit allem zufrieden, machen aus jedem das Beste.

Andererseits, so sinngerecht, wie sie sich an ihrem Platz einfügen, dienen sie ihrer gesamten Umgebung. Von manchen Schmetterlingen werden sie geradezu geliebt, sie ermöglichen ihnen das Überleben.

Tanke Dein Herz auf mit dem saftigen, lebensfrohen Grün dieser kostbaren Pflanze! Öffne Dich für die Hoffnung, dass Deine Ziele erreichbar sind!

Ich wünsche Dir einen lebensfrohen Tag!

11. April

Bist Du gestern bei der Brennnesselsuche Deiner brennenden, unstillbaren Sehnsucht begegnet, dass endlich alles ANDERS und BESSER werden möge?

Die ersten Schmetterlinge, die im geistigen Schutze Wabuns stehen, erinnern uns so fröhlich an unsere z. T. kindlichen Wünsche. Die Brennnesseln dagegen erzählen im herben, rauen Ton von der Realität des Machbaren.

Lass Dich von beiden Seiten beflügeln und vorantreiben!

Sehr oft bewirken unsere angestrebten Vorhaben eine Veränderung unseres gesamten Umfeldes. Das fühlt sich zunächst schmerzhaft an und verleitet viele Menschen sogar dazu, vorzeitig aufzugeben.

Wie schade um das innere Feuer, das hierbei zum Erlöschen kommt! Es lohnt sich, alles nur Erdenkliche dafür zu tun, um unsere Träume zu bewahren und zu leben! Mach Dir heute noch mal klar, in leuchtenden Farben, wie Du Dir Deine Zukunft wünschst!

Dann beschleunige Deine Schritte derart, dass Dein Puls in die Höhe schießt und Dein Herz spürbar zu klopfen beginnt! Fühlt es sich nicht herrlich an, so LEBENDIG zu sein? Leben heißt nun mal VERÄNDERUNG.

Zum Abschluss male Dir gedanklich, und wenn Du Lust dazu hast, auch im Lernheft, das Bild eines Schmetterlings, der sich auf einer Brennnessel niedergelassen hat! (Meine kleine Enkelin wollte lieber einen Phönix malen.)

Ich wünsche Dir für den heutigen Tag ganz viel Energie!

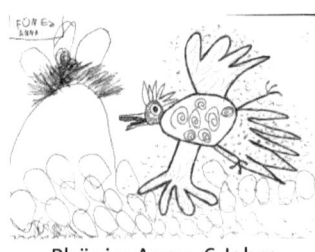

Phönix: Anna, 6 Jahre

12. April

Dein Ziel vor Augen, welche Seite zieht Dich mehr an: der bunte, gaukelnde Schmetterling oder die bodenständige, wehrhafte Brennnessel? Auch wenn Du auf keinen der beiden Impulse verzichten möchtest, liegt Dir doch die eine Vorgehensweise näher. Achte deshalb auf ein gesundes Gleichgewicht zwischen Denken und Tun!

Dazu brauchen wir Zwischenstopps. Um Dir Dein Unterfangen schmackhafter zu machen und zu „versüßen", darfst und sollst Du Dir nach jedem erreichten Lernschritt etwas Gutes gönnen. Wie die kleine Belohnung aussehen soll, kannst Du natürlich selbst entscheiden. Ich bin sicher, Du wirst darauf achten, Dir keine neuen Abhängigkeiten zu schaffen!

Gönne Dir heute die Freude, eine *„Das macht mich froh"* - Liste zu erstellen. Je weniger Du bei Deinen Belohnungen auf Mitwirkung von außen angewiesen bist, desto besser! Denke also auch an Dinge, die wenig kosten, nicht süchtig machen, die Dir wirklich GUT tun! Und schraube Dein Verlangen schon in der Planung soweit herunter, dass Du Dir diesen kleinen Wunsch wirklich leicht und aus eigener Kraft erfüllen kannst! (Auf meiner Liste stehen z. B. schöne Musik im Radio oder auf CD, Waldspaziergang, Bootfahren, Bücherei-Besuch .....; aber stopp, es geht hier wirklich nur um DEINE Wünsche!)

Falls bei dieser kleinen Stichwortsammlung vor Deinem inneren Auge immer wieder Menschen auftauchen, ohne die Du keine Freude mehr zu empfinden vermeinst und ohne die Du Dir nichts, aber auch gar nichts Schönes mehr ausmalen kannst, lass Dir heute von der Brennnessel helfen!

Bitte notiere im Lernheft:

Ich passe mich leichter an neue Familiensituationen an.
Ich lerne meine persönlichen Bedürfnisse auszusprechen,
ohne andere zu verletzen.
Sprühend vor Energie und Optimismus schreite ich furchtlos voran.

Ich wünsche Dir einen wunderschönen Tag!

13. April

Sind Dir schon ein paar schöne Ideen gekommen, wie Du Dir ein wenig Freude bereiten kannst?

Das ist wirklich sehr wichtig, um langwierige Ziele zu erreichen. Vielleicht hast Du es ja schon oft versucht, aber eben nur „halb"-herzig. Darum ist es immer wieder hilfreich, sich von so kleinen Ritualen wie dem kurzen Segensgebet, dem Herstellen und Trinken eines grünen Getränkes, dem morgendlichen Turnen am offenen Fenster oder im Garten, an unser ZIEL erinnern zu lassen.

Auch das christliche Osterfest, das ja immer zwischen Ende März und Ende April gefeiert wird, lenkt unsere Gedanken unweigerlich in die Richtung, dass Erlösung tatsächlich stattfindet, dass sich Durchhalten lohnt, dass selbst der schwerste Leidensweg zu dem EINEN ZIEL führt.

Wenn Du Dein Dir gestecktes Vorhaben genau unter die Lupe nimmst, wirst Du ganz am Ende, tief drinnen das allezeit gleiche Ziel erkennen: Unsere Bestimmung heißt immer LIEBE, egal in welcher Verpackung unsere Sehnsüchte und Träume daherkommen.

Lass diese Erkenntnis tief in Dich eindringen und spüre das Gefühl der Entspannung und Klarheit, das sich entfaltet! Es geht nicht um Gewinn und Besitz, um Ansehen und Macht, auch nicht um das verzweifelte Überleben, es geht einzig und allein um die Liebe.

Entdecke heute in der Natur diese Botschaft der Klarheit mit allen Sinnen! Betrachte den blauen Himmel! Sauge das junge Grün der Wiesen und das Strahlen der bunten Blumen in Dich auf! Genieße vielleicht die duftende Frische kurz nach dem Regen oder die Erleichterung nach dem ersten Frühlingsgewitter!

Beobachte die kreisenden Habichte hoch droben, die nicht nach dem Weg fragen, weil sie ihre Bestimmung kennen!

Ich wünsche Dir einen Tag tiefer Erkenntnis!

14. April

Hast Du gestern die Schönheit der Natur wirklich „wahr"-nehmen dürfen? Auch wenn Dein Weg noch so beschwerlich ist, auch wenn Dir jeder neue Schritt schwerfällt, sogar wenn Du ganz allein und ohne Begleitung zu Deinem Ziel unterwegs bist, die Erde mit all ihren Geschenken ist jederzeit für Dich da und versorgt Dich mit ihren überreichen Gaben!

Lass Dich heute von ihr mit einem ihrer kostbaren Heilsteine erfreuen!

Sicherlich hast Du in den vergangenen Tagen einen Carneol betrachtet (S. 14) oder ihn sogar in Besitz genommen.

Halte ihn jetzt fest in der Hand oder schließe die Augen, um ihm in der Vorstellung nahe zu kommen! Sauge seine orangerote belebende Farbe in Dich auf und leite diesen köstlichen wärmenden Schimmer zu der Körperstelle, wo Du gerade am nötigsten Unterstützung gebrauchen kannst! Fühle, wie sich die Wärme wohltuend ausbreitet und genieße das Gefühl der Entspannung!

Der Carneol schenkt Dir Vitalität und Lebensfreude. Er entfacht neuen Mut und lässt uns in ein gesundes Gleichgewicht kommen. So unterstützt er Dich bei Deiner Neuorientierung.

Falls Dir Deine Pläne schlaflose Nächte bereiten, lege ihn einfach unter Dein Kopfkissen, damit Du wieder mehr zur Ruhe kommst! Um schnell zu regenerieren, kannst Du ihn auch beim nächsten Wannenbad als erholsamen Zusatz benützen.

Bitte achte heute Nacht auf Deine Träume und spüre ein wenig nach, ob Dich der Carneol im Moment vorzugsweise im Wurzelchakra oder im Sakralchakra erreichen möchte! Mangelt es Dir an Urvertrauen (1.Chakra) oder übst Du zurzeit, Dich mehr der Außenwelt zuzuwenden (2.Chakra)?

Sei gut begleitet an diesem Tag von Wärme und Licht!

15. April

Spürst Du schon, wie hilfreich der Carneol Dich bei Deiner Entwicklung zu unterstützen vermag? Bestimmt tut es Dir gut, ihn auch untertags bei Dir zu tragen. Am Abend legst Du ihn ein paar Minuten auf das Chakra, das ihn am meisten benötigt: falls Deine Probleme mehr im Wurzelbereich angesiedelt sind, unterhalb des Steißbeins, wenn Du jedoch das Sakralchakra unterstützen möchtest, eine Handbreit unterhalb des Nabels. Achte auf Dein Gefühl! Lokalisiere körperliche Unstimmigkeiten: Wo genau sollst Du den Stein auflegen?

Das Treffen auch noch so kleiner Entscheidungen ist wichtig und unterstützt Dich bei der Entfaltung Deiner Willenskraft.

Wenn Du für Dein Wurzelchakra besondere Hilfestellung benötigst, weil Du Dich ein ganzes Leben lang alleine gelassen fühltest und wenig Vertrauen in Dich und die eigene Kraft aufbauen konntest, wäre jetzt ein guter Zeitpunkt, Dich mit irgendeiner Form der Körpertherapie behandeln zu lassen.

In jedem Fall wird der Carneol Dich soweit unterstützen, dass es Dir leichter fällt, auf andere Menschen zuzugehen und Dich als Teil einer Gemeinschaft zu fühlen. Falls Deine eigene Familie, aus welchen Gründen auch immer, Dir dieses Gefühl der Geborgenheit nicht vermitteln kann, findest Du sicher eine Form der „Ersatzfamilie", die Dich ein Stück weit trägt, ohne Dich abhängig zu machen. Bei Deinen Freunden darfst Du auftanken, um Selbstverwirklichung und Durchsetzungsvermögen zu entfalten. Und diese Eigenschaften sind Voraussetzung für jede Öffnung nach außen. Übe das „Sich nach außen wenden" beim heutigen Spaziergang, indem Du aufmerksam alle Bäume betrachtest! Viele stehen schon in voller Blüte. Genieße den Anblick! Nebenbei halte Ausschau, ob Du in Deiner Nähe eine Buche finden kannst!

Ich wünsche Dir dazu ein offenes Herz!

16. April

Hast Du gestern erleben dürfen, wie wohltuend es ist, sich ein wenig zu öffnen?

Egal, welches Ziel Du Dir gesetzt hast, jede Veränderung beinhaltet eine Erweiterung in unserem Leben. Auf einmal rücken Menschen ins nähere Blickfeld, die Du bisher ausklammern konntest. Das fühlt sich manchmal recht ungewohnt an. Aber wenn Du gut abgegrenzt bist, stellen die anderen Menschen keine Bedrohung, sondern eine Bereicherung dar. Dann gelingt es leichter, jeden so zu nehmen, wie er eben ist. Sobald wir uns selber akzeptieren, ohne Kritik zu üben, lernen wir fremden Fehlern gegenüber nachsichtiger zu werden. Auch die Vergangenheit darf dann zur Ruhe kommen.

Wenn Du die großen, kraftvollen Buchen in den Blick nimmst, bekommst Du schnell ein Gefühl, wie GUT und stimmig es ist, für sich selbst einstehen zu können. Von diesem Standpunkt aus fällt Dir die Öffnung nach außen viel leichter.

Betrachte die aufspringenden Knospen der Buchen! Sie öffnen sich erst jetzt, wo die übrige Natur schon längst sprießt und blüht. Wie zum Schutz haben sie die braunen, getrockneten Blätter den ganzen Winter über bis jetzt behalten. Aber nun ist Zeit für das NEUE! Mit ihren feurig roten Blättern wird dem Habicht in besonderer Weise die Blutbuche zugeordnet. Bei den Bach-Blüten finden wir die Essenz Beech, die aus den Blüten der Rotbuche hergestellt wird. Bitte notiere Dir die zugehörige Information in Deinem Lernheft:

Je toleranter und einfühlender ich mich verhalte,
umso mehr kann ich meine mitmenschlichen Beziehungen genießen.
Ich verwende meine Energien
für das Schöne und Positive im Leben.

Ich wünsche Dir einen offenen Blick für alles Neue!

17. April

Merkst Du, wie kraftvoll und zugleich einfühlsam Dich die Buche bei Deiner Arbeit unterstützt? Im selben Maße, wie sich die werdende Natur immer mehr öffnet, vermagst Du Dein eigenes Herz aufzuschließen, wenn Du dazu bereit bist.

Lassen wir uns heute noch einmal von den Heilsteinen begleiten!
Konntest Du einen Girasol (S. 14) erwerben oder wenigstens aus der Nähe betrachten? Im Unterschied zu anderen Opalen fehlt ihm das typische „Opalisieren" in allen Farben. Er verträgt keine längere Sonneneinstrahlung. Doch ist er mit so viel Feuerenergie angefüllt, dass er Dein drittes Chakra auf sensible Weise zu unterstützen vermag.

Falls Du diesen Kristallopal nicht auffinden konntest, kannst Du Dich dennoch mit seiner hilfreichen Schwingung verbinden.
Lege Dich entspannt hin, schließe die Augen und berühre mit Deinen Händen das Sonnengeflecht. Der Girasol liegt, zumindest in Deiner Vorstellung, direkt oberhalb des Bauchnabels. Während Du ruhig und gleichmäßig atmest, nimm mit Deinen Träumen und Gefühlen Verbindung auf! Spüre, wie sich eine neue Welt für Dich eröffnet, in der alle Deine Wünsche auf wunderbare Weise wahr werden! Du fühlst Dich beschwingt und inspiriert.

Nimm diese heitere, unternehmungslustige Stimmung mit in Deinen heutigen Tag! Lass Dich tragen von dem Bewusstsein, dass Dir heute alles möglich ist!

Ich wünsche Dir strahlende Sonne in Deinem Herzen!

18. April

Hat Dir der Girasol bereits geholfen, Dein drittes Chakra aufzutanken und mit neuer Kraft zu füllen? Trainiere auch heute noch einmal, mit seiner Hilfe Dein Sonnengeflecht zu stärken!
Je mehr wir uns selber spüren und in Sicherheit fühlen, desto leichter gelingt uns die Wendung nach außen. Weil ich selber stark bin, kann ich die Stärke des anderen aushalten und ihn akzeptieren, so wie er eben ist. Diese Erfahrung erleichtert uns das Leben ungemein, da wir auf Feindbilder verzichten können.

Bitte gehe heute auf die Suche nach Kakteen! Vielleicht bist Du sogar ihr Liebhaber und sie stehen auf Deiner Fensterbank. Auf jeden Fall kennst Du diese stacheligen Gesellen. Bewundere sie, wenn sie in voller Blüte stehen! Wie schnell sind da die spitzigen Stacheln vergessen und die Vorsicht, mit der sie zu genießen sind!
Mach Dir den Kaktus zum Freund!
Bei den kalifornischen Blütenessenzen begegnet er uns unter dem Namen Saguaro. Bitte notiere in Deinem Lernheft die zugeordnete Information:

Ich bin flexibel und geduldig genug,
andere Lebensweisen zu verstehen.
Ich lerne echte Autorität und Lebensweisheit anzuerkennen
und begegne Traditionen respektvoll.

Vielleicht möchtest Du Deinen speziellen Kaktus dazu malen?!

Genieße heute Deine Stärke und Dein Verständnis für Andersartiges!

19. April

Bist Du gestern mithilfe der Kakteen Deiner eigenen Sanftmütigkeit begegnet? Zugleich sanft und mutig zu sein, scheint mir ein schönes Motto für die vergangenen vier Wochen.

Wenn unser Wille nur unserem eigenen Wohlbefinden zu Diensten ist und wir dabei die anderen aus dem Blick verlieren, verpufft die ganze, stolze Kraft.

Wenden wir uns heute dem für die Habicht-Position bedeutsamsten Heilstein zu, nämlich dem Feueropal (S. 14), der alles Gelernte sehr eindrucksvoll zusammenfasst! Bestimmt hast Du diesen herrlichen, in orangen oder rötlichen Farbtönen schillernden Stein schon einmal aus der Nähe bewundert. Er verlangt eine sorgsame Behandlung, um nicht einzutrüben oder gar zu zerspringen. So lehrt er uns, wie wir das Feuer unserer Lebensenergie richtig einsetzen.

Schließe die Augen, verbinde Dich mit der Schwingung des Feueropals und spüre, wie seine heilenden Energien vom Wurzelchakra aus über das Sakralchakra in Dir aufsteigen und sich im Sonnengeflecht ausbreiten! Lass Dich erfüllen von seiner vitalen Kraft und genieße seine ausgleichende Wirkung!

Erinnere Dich an die Zeit, als Du ein kleines Kind warst! Wie hat es sich wohl angefühlt, als Du Dir zum ersten Mal Deiner Selbst bewusst wurdest?

In den vergangenen Wochen bist Du täglich Deiner eigenen Kraft begegnet, hast Deinen Willen gestählt und zu Deiner Selbstbestimmtheit gefunden. Du hast Dir Ziele gesteckt und bist auf dem direkten Weg zu einem Leben in Freiheit, so wie Du es Dir immer erträumt hast! Mach Dich bereit für den nächsten Schritt, damit Deine Wünsche wahr werden können!

Ich wünsche Dir einen farbensprühenden Tag!

Mond der wiederkehrenden Frösche

Biber

Verlässliche Fürsorge

Stabilität Ausdauer Balance

Gestaltest praktisch und schön

Zufrieden

Die Lernthemen

Der Frühling ist die Zeit der Vielfalt.
Nimm mit allen Sinnen wahr,
welch vielfältige Möglichkeiten in Dir stecken!

Der Frühling ist die Zeit der Unterscheidungsfähigkeit.
Schärfe Deine inneren und äußeren Sinne!

Der Frühling ist die Zeit der Weisheit.
Nütze die momentan aktive Unterscheidungskraft,
um Deine Fähigkeiten jeweils passend einzusetzen!

Der Frühling ist die Zeit des Sichtbarwerdens.
Zeige Dich in Deiner Unverwechselbarkeit!

Biber

Blaue Camass   Wiesenkerbel   Scleranthus

Quitte   Zierquitte   Birne

Pfirsich   Quendel = Feldthymian   Zwetschge

Aprikose	Apfel	(Flatter-)Ulme = Elm
		Gemeinfrei

Flieder	Kirsche	Heidelbeere

Rhodochrosit	Chrysokoll	Beryll

20. April

Ein kleiner Schritt hat Dich am Medizinrad in eine neue Position geführt. Spürst Du irgendwelche Veränderungen im Außen oder in Dir selber?

Da wir weiterhin von Wabun, dem geistigen Prinzip des Kreises, angeleitet werden, fällt Dir das Akzeptieren einer neuen Energieform dieses Mal ein wenig leichter als sonst. Unsere Gedanken und Visionen neigen ja von sich aus zur Unbeständigkeit.

Ein kurzer Blick in die Natur und Du kannst die heute herrschende Schwingung an den blühenden Bäumen ablesen: ein, zwei wärmere Tage und die Knospen brechen zu voller Blüte auf; ein kräftiger Regenschauer, ein scharfer Wind und die ganze Pracht verfliegt im Nu!

Betrachte einen der zurzeit besonders üppig blühenden Bäume! Versinke in seiner leuchtenden Pracht und mache Dir klar, dass die Blüten sich vielleicht schon in wenigen Tagen verabschiedet haben!

Bitte halte den von Dir ausgewählten Baum im Lernheft fest: Male ihn in seiner ganzen Schönheit! Du kannst ihn auch fotografieren, wenn Du möchtest!

Vielleicht inspiriert Dich auch die Botschaft der Bachblüte Scleranthus, die uns mit Waboose durch den Winter begleitet hat:

Endlich kann ich einen festen Standpunkt einnehmen
und erlebe mich in meiner Mitte.
Von hier aus treffe ich richtige, stimmige Entscheidungen
und erweise mich als verlässlicher Partner.

Genieße bis morgen die herrliche Fülle, die Dir hier geschenkt wird!

21. April

Ist Dir gestern bewusst geworden, wie sehr wir geneigt sind, das, was uns gefällt, für immer zu behalten? Die Vorstellung, all die herrlichen Blüten in absehbarer Zeit verabschieden zu müssen, erscheint regelrecht herzlos.

Am Medizinrad befinden wir uns nun an einem Platz der Beständigkeit, und wir benötigen schon sehr viel Unterstützung durch Wabun, um gerade jetzt „wo es am Schönsten ist" loszulassen!

Die Feuerenergie des Habichts, die uns das Aufbrechen der Knospen mit großer Begeisterung verfolgen ließ, wurde von der Energie des Bibers abgelöst, die erdhaft und beständig ist.

Verdeutliche Dir den Wechsel durch eine kleine Symbolskizze im Lernheft!

Zeichne in der Blattmitte einen roten, von unten nach oben strebenden Pfeil! Nun umrande die ganze Seite mit einem Quadrat! Als Ausdruck der beständigen Fülle darfst Du dieses Viereck mit allen Dir zur Verfügung stehenden Farben nachfahren.

Zum Abschluss der Übung schließe bitte die Augen und male Dir in Gedanken ein wunderschönes Haus! Es ist DEIN Haus, in dem Du gerne wohnen würdest. Alles passt zu Dir, jede Kleinigkeit ist stimmig, praktisch und wunderschön gestaltet!

Genieße es, bei Dir ZU HAUSE anzukommen!

22. April

Sicher ist das Haus, das Du Dir im Geist erschaffen hast, wunderschön geworden!

Hat Dich das viereckige Symbol, das Du gestern als Zeichen der Beständigkeit und Geborgenheit gemalt hast, an unsere erste Medizinrad-Position erinnert?

Bei der Schneegans ist uns das Quadrat schon einmal begegnet: Es vertritt die Energie der Schildkröte. Damals im Winter konnten wir daraus Kraft schöpfen, unsere Schätze zu sammeln und zu bewahren.

Jetzt im Frühling, wo wir die Welt bevorzugt über das Auge aufnehmen, begleitet uns die Schildkröte beim aufmerksamen Streifzug durch das Blütenmeer, das uns allerorten erfreut.

Konzentriere Dich heute auf die Vielfalt der Farben und Formen in Wiese, Garten und Wald! Betrachte auch die unscheinbaren Blühformen bei Buche, Eiche, Fichte und die Knospen von Flieder und Kastanie, die jetzt kurz vor dem Aufbrechen sind!

Wenn es Dir Spaß macht, zähle ruhig einmal die vielen verschiedenen Farben und wie viele Baumarten zurzeit ihre Blüten geöffnet haben!

Mache Dir heute Abend die ganze Fülle und die Vielseitigkeit des Gesehenen vor Deinem inneren Auge noch einmal zugänglich! Warte, bis ein tiefes Gefühl der Dankbarkeit in Dir aufsteigt! Wähle ein für Dich stimmiges Wort (z. B. *Freude, Staunen, Erfüllung ...*) und während Du es laut aussprichst, legst Du beide Hände auf Dein Herz, um diese Erfahrung zu verankern!

Jedes Mal, wenn Du künftig dieses Wort sagst und dabei Dein Herz berührst, kannst Du die herrlichen Blüten und das Glück, sie gesehen zu haben, wieder abrufen.

Ich wünsche Dir einen herrlichen, bunt gefärbten Tag!

23. April

Bist Du heute Morgen mit einem Lächeln aufgewacht? Es würde mich nicht wundern! Die derzeitige Frühlingsfülle macht es uns leichter als sonst, sich glücklich zu fühlen.

Wo uns im Winter die Schneegans unter dem Schutz von Waboose nachhaltig an das Loslassen erinnern musste, damit wir nicht allzu heftig festklammern wollten, verhilft uns dieses Mal Wabun zu einer anderen, höheren Sichtweise.

Suche Dir einen schönen, ruhigen Platz, wenn möglich draußen in Wald oder Garten und schließe Deine Augen! Konzentriere Dich innerlich auf das Symboltier von Wabun, den mächtigen Steinadler! Bitte ihn um seinen Schutz und frage, ob Du ihn auf seinem Flug begleiten darfst! Lass Dich von ihm hochtragen in den Himmel, bis Du von oben Menschen, Tiere und Bäume aus weiter Entfernung betrachten kannst!

Auf einmal erkennst Du Zusammenhänge, die Dir bisher verborgen geblieben sind. Braune Erde, grüne Wiesen, leuchtende Blütenmeere, gelbe Rapsfelder, die blauen Linien der Flussläufe, die bunten Farbtupfer der Städte, alles bildet ein harmonisches Zusammenspiel. Die Abfolge der Jahreszeiten gestaltet sich zu einem sinnvollen, sich stets wiederholenden Kreislauf.

Keine einzige Blüte könnte aufbrechen, die nicht längst, schon in den frühen Herbsttagen, inmitten der Knospen verborgen gewesen und im Winter herangereift wäre. Keine Frucht könnte je von Dir geerntet werden, wenn nicht die Blütenblätter fallen würden.

Lass Deine Gedanken mit Wabun fliegen wie kleine bunte Seifenblasen, lass sie im Wind zerstäuben und genieße einfach das freie Spiel der Lüfte!

Wenn Dich der Steinadler sanft an Deinem Ausgangspunkt niedersetzt, bedanke Dich bei ihm für die Erkenntnisse, die er Dir heute geschenkt hat!

Ich wünsche Dir einen freien, unbeschwerten Tag!

24. April

Hast Du Dich gestern von Wabun begleiten lassen und das Gefühl der Freiheit genießen dürfen? Um sich auf solche Höhenflüge einzulassen, bedarf es einer gehörigen Portion an Vertrauen. In der Position der knospenden Bäume ist uns das dank der damals herrschenden Feuerenergie relativ leichtgefallen.

Jetzt, unter der erdhaften Wirkung der Schildkröte, braucht es die Zuversicht des Beständigen. Deshalb nennen die Indianer den zweiten Frühlingsmonat den Mond der wiederkehrenden Frösche.

Auch wenn wir beobachten müssen, dass all die momentan vorherrschende Schönheit der Natur nur kurz andauert, auch wenn die ersten Blütenblätter längst gefallen sind, haben wir doch die Gewissheit, dass immer wieder Neues nachrückt und alles inmitten der Veränderung seinen Sinn behält.

Während Du heute bei Deinem kleinen Streifzug im Grünen den einen oder anderen Frosch quaken hörst, vielleicht sogar einen mit scharfem Blick irgendwo entdecken kannst, während Du die Gewässer nach dem ersten abgelegten Laich absuchst, lass Deine Gedanken umherschweifen!

Wo in Deinem Leben kündigt sich derzeit Veränderung an?

Wo möchtest Du festhalten und bewahren?

In welchem Bereich wehrst Du Dich gegen den Einbruch des Neuen und Andersartigen?

Falls Dir zurzeit die Gewissheit fehlt, dass alles GUT WIRD, bitte die Engel um ihre Unterstützung!

MICHAEL schenkt Dir mehr Gelassenheit, wenn Dich Sorgen und Unruhe blockieren.

GABRIEL erfüllt Dich mit Leichtigkeit, wenn alles zu schwer und anstrengend erscheint.

HANIEL und RAPHAEL leiten bei Dir die Verwandlung hinderlicher Energien ein.

Ich wünsche Dir viel Freude auf Deinem neuen Weg!

25. April

Bist Du GUT GEFÜHRT durch den gestrigen Tag gegangen? Wie schön! Du wirst erfahren dürfen, dass die Schwierigkeiten tatsächlich abnehmen, je weiter Du voranschreitest.

Heute betrachten wir gemeinsam das dritte Symboltier, das den Mond der wiederkehrenden Frösche ganz entscheidend mitprägt und nach dem diese Position schließlich auch benannt ist, nämlich den Biber.

Während der Steinadler (Wabun) das Reich der Lüfte beherrscht, stellen Schildkröte und Biber eine gekonnte Verbindung zwischen Erde und Wasser her. Wir sehen, welche Vielfalt an Informationen uns auf diesem Platz erwartet.

Hast Du schon einmal einen Biber in voller Aktion beobachten dürfen? Sicher kennst Du ihn aus Tierbüchern und Filmen. Aber es ist schon sehr beeindruckend, zu erleben, wie solch ein ausgewachsenes Exemplar von der Böschung aus in den Fluss platscht, oder wenn Du seinen großen Kopf in nächster Nähe auftauchen siehst.

Vielleicht findest Du Zeit für eine kleine Wanderung am Wasser entlang und kannst nach den Spuren dieses fleißigen Arbeiters Ausschau halten. Frisch angenagte Stämme, sogar mächtige umgestürzte Bäume, die der Biber mit viel Geschick und Ausdauer zu Fall gebracht hat, kunstvoll aufgehäufte Dämme und Bauten säumen seinen Lebensraum.

Bitte sammle bis morgen ein paar Informationen! Dann vertiefe Dich in dieses Tier hinein, in seine Lebensweise, seine Vorlieben! Was erzählt er Dir, was kannst Du von ihm lernen? Nimm inneren Kontakt mit ihm auf, damit Du ihm in Deinen Träumen begegnen darfst, um ihn wirklich zu ERKENNEN !

Ich wünsche Dir einen ereignisreichen Tag!

26. April

Hast Du Dich schon ein wenig mit dem Biber angefreundet? Was beeindruckt Dich am meisten? Seine Größe und Stärke? Sein Talent beim Hausbau? Seine Beweglichkeit und Eleganz, wie er die Elemente Erde und Wasser gleichermaßen meistert? Sein pfiffiges Aussehen und der hübsche Pelz? Seine zweckmäßige körperliche Ausstattung, die ihm - dem Landtier - einen mühelosen Aufenthalt im Wasser ermöglicht? Seine Meisterschaft beim Schwimmen? Sein Geschick, mit den mächtigen Schneidezähnen einen Baum zu stürzen? Seine Wendigkeit, mit den Vorderpfoten zu hantieren und einen Maiskolben zu drehen? Seine vielfältigen Begabungen und die weise Vorausschau seines Handelns?

Vergleiche alle die Vorzüge, die Du beim Biber zu entdecken glaubst, mit Deinen eigenen Fähigkeiten! Wo seid ihr beide euch ähnlich? In welchem Bereich wünschst Du Dir eine sichtbare Verbesserung?

Bitte denke darüber nach, während Du Deinen heutigen Streifzug durch die Natur unternimmst!

Halte Deine Gedanken in Deinem Lernheft fest:
Am meisten freue ich mich über meine Fähigkeiten ....
Ich wünsche mir eine Verbesserung bei ....

Einen frohen, zufriedenen Tag bis morgen!

27. April

Hast Du Dich gestern über Deine entdeckten Vorzüge so richtig von Herzen gefreut? Lass dem Kritiker in Dir keinen Raum mehr! Er hat Dich lange genug drangsaliert.

Die Energien der aktuellen Medizinrad-Position unterstützen Deinen Eifer, etwas Sinnvolles und Wertvolles zu schaffen und zu vervollkommnen. Nütze die hilfreiche Schwingung des Augenblickes, Deinen Träumen Form und Gestalt zu geben! Es ist die Zeit des geschickten Handwerkers, der Künstlerin.

Lass Dich von der Natur draußen inspirieren! Betrachte die unterschiedlichen Blühformen, die Du vor ein paar Tagen schon aufmerksam wahrgenommen hast!

Vergleiche dieses Mal noch genauer:

Wo entdeckst Du unvermutet erstaunliche Ähnlichkeiten und Verwandtschaften zwischen den Bäumen?

Wo begeistert Dich eine unscheinbar gefärbte, aber umso kunstvoller gebaute Blütenform?

Wo berührt Dich die vielfältige Farbenpracht eines liebevoll gepflegten Gartens?

Wo versetzt Dich eine Wiese mit ihrer grandiosen Auswahl an Pflanzen und Lebensformen ins Staunen?

Bitte notiere in Deinem Lernheft die Namen aller Bäume, Sträucher, Blumen, Gräser, die Dir heute besonders aufgefallen sind! Bei der Besprechung der Blüten-Essenzen wirst Du staunen, wie vielen der jetzt blühenden Pflanzen wir begegnen werden!

Ich wünsche Dir einen reich gefüllten Tag!

28. April

Bist Du gestern beim genau Hinsehen nicht zutiefst ins Staunen geraten, welche Vielfalt zurzeit herrscht?!

Manchmal fällt es gar nicht so leicht, auf den ersten Blick zu benennen, welcher Baum oder Strauch da vor uns steht. Die Kätzchen tragenden Bäume sehen sich in der Blühphase total ähnlich, entwickeln aber völlig unterschiedliche Früchte (z. B. Hainbuche, Birke, Haselnuss). Andere haben sehr ähnliche Blätter, auch den gleichen Namen, unterscheiden sich aber in der Blüte (z. B. Ahorn). Da heißt es wirklich genau hinsehen!

Natürlich geht es uns Menschen ebenso, wenn wir jemals wirklich an unser Ziel kommen wollen. Dafür will uns die Biber-Position den Blick schärfen!

Die bedeutsamste Pflanze im Mond der wiederkehrenden Frösche ist die Blaue Camass. Es handelt sich hierbei um ein in den USA wildwachsendes Liliengewächs. Ich habe die blaue Camass mittlerweile auch in unseren Gärten entdecken dürfen.
Die Knolle der Blauen Camass wird seit jeher von den Indianern als wohlschmeckendes Nahrungs- und Heilmittel geschätzt.

Das einzige Problem besteht darin, dass die begehrte Pflanze, wenn sie verblüht ist, leicht mit der gelb oder weißlich grün blühenden „Todes"- Camass zu verwechseln ist. Deshalb müssen die essbaren Pflanzen während der Blühphase genau markiert werden, um auch sicherzugehen, dass im Spätsommer zur Reifezeit die „richtigen" Knollen zur Anwendung kommen!

Schließe jetzt Deine Augen und betrachte in Deiner Vorstellung beide Blumen: die leuchtend blaue, Gesundheit verheißende Blüte auf der einen Seite, auf der anderen Seite die gelbliche, todbringende Pflanze!

Stelle mit Deinem Herzen Verbindung her zu der zarten blauen Blüte! Lass ihre sanfte, erhellende Energie vom Brustraum hochsteigen in Deinen mentalen Bereich, wo sie Dein ganzes Denken bis in die kleinsten Winkel und Ritzen ausfüllt!

Male bis morgen in Deinem Lernheft eine blaue Blume, einfach nach Deinen Vorstellungen!

Einen frohen, erfüllten Tag bis morgen!

blaue Camass

29. April

Hast Du Dich von der Schönheit der Camassblüte erfüllen lassen? Wichtiger noch, hast Du Deine eigene blaue Blume gemalt, eine Blume ganz und gar nach Deinem Herzen? Betrachte noch einmal Dein eigenes Kunstwerk! Ist es nicht herrlich, sich selber so ausdrücken zu können?!

Freilich wird dieses Bild dem Vergleich mit der Wirklichkeit nicht standhalten, wie könnte es auch! Genau darum jedoch geht es! Es ist kein Fehler, unvollkommen zu sein. Der Fehler besteht darin, sich selbst zu verraten.

Solange Du Dir selbst treu bleibst, kannst Du Mängel richtig einordnen und aus Fehlern lernen. Die Meisterschaft liegt in der Tapferkeit des Voranschreitens!

Gestern haben wir erfahren, dass der Genuss der „falschen" Camasspflanze tödlich ist. Lassen wir uns von der blauen Camass unterstützen, schon im Vorfeld zu erkennen, was uns GUT tut.

Da die Essenz dieser in Kanada gedeihenden Pflanze bei uns schwer erhältlich ist, wollen wir uns auf die Information beschränken, die sie uns schenkt:

Ich habe aus meinen früheren Fehlern gelernt.
Weil ich auch auf versteckte Signale achte,
weiß ich genau, was gut und richtig für mich ist.
Sicher und kompetent treffe ich meine Entscheidungen.

Nachdem Du diesen Satz im Lernheft festgehalten hast, speichere ihn in Deinem Gedächtnis! Frage Dich:
- *Wo in meinem Leben habe ich Fehler gemacht?*
- *Was habe ich daraus gelernt?*
- *Woran werde ich das nächste Mal schon im Vorfeld merken,*
  dass etwas „schief" läuft?

Ich wünsche Dir einen versöhnlichen Tag bis morgen!

30. April

Ist es nicht ungemein befreiend, sich selber Fehler einzugestehen und zu verzeihen?! Weder Gott noch ein Richter könnten so streng zu uns sein, wie wir uns manchmal selber behandeln.

Erinnere Dich an das 12-Schritte Programm der Anonymen Alkoholiker! Nachdem wir uns völlig der Sorge Gottes anvertraut haben (siehe Habicht-Position) dürfen wir uns nun (mit der Kraft des Bibers) an die gründliche Bestandsaufnahme in unserem Inneren machen und unsere Fehler vor Gott, vor uns selbst und vor wenigstens einem anderen Menschen darlegen.

Daraus erwächst uns die Kraft, uns wieder nach außen zu öffnen, so wie sich Blüten öffnen, wenn sie Licht und Wärme spüren.

Achte heute bei Deinem Spaziergang auf die blühenden Wiesen! Vielleicht entdeckst Du zwischen Löwenzahn, Wiesenschaumkraut und Hahnenfuß den Wiesenkerbel, der mit seinen weißen Dolden alle anderen kraftvoll überragt.

Im Garten ist es bereits Zeit, den essbaren Kerbel zu ernten, eine wohltuende Salatbeigabe zur Blutreinigung und gegen Magenschmerzen.
Bitte notiere in Deinem Lernheft die spannende Information der einheimischen Essenz Wiesenkerbel:

Ich lerne, mehr aus mir herauszugehen,
werde in allem beweglicher,
sorge gut für mich
und treffe sichere Entscheidungen.

Ich wünsche Dir einen froh beschwingten Tag!

1.Mai

Hast Du bereits den bitteren, interessanten Geschmack des Garten-Kerbels genossen?

In jedem Fall solltest Du Dich unter dem Schutz von Biber und Wabun darauf einlassen, Deine Unterscheidungsfähigkeit täglichein kleines Stück weit zu trainieren!

Was schmeckt Dir besonders gut? Was hält Dich lange satt? Was gibt Dir den Schwung, den Du brauchst, um Deinen Tag gut zu bestehen?

Betrachte Deinen Garten oder die Auswahl an Obst und Gemüse in einem Geschäft, das auf Frische und Qualität achtet! Jeder Mensch besitzt tief in sich ein natürliches Empfinden, was er benötigt, um sich gesund zu erhalten und Energie aufzutanken. Berühre respektvoll und achtsam die Pflanzen, die Du auswählen möchtest, und stelle eine innere Verbindung her!

Wenn Du selber erntest, bitte um Erlaubnis, ehe Du der Natur ihre Geschenke entnimmst!

Mit demselben Feingefühl solltest Du bei der Zubereitung Deiner Speisen vorgehen! Alles, was Du an Nahrung in Dich aufnimmst, wird zum Teil Deiner selbst! Genau genommen wird im Vorgang des Essens, des sich Vereinigens die tiefe Verbindung sichtbar, die uns mit ALLEM WAS IST eins sein lässt.

Deshalb gehört Bewusstheit und Unterscheidungskraft unabdingbar zur Lebensmittelwahl dazu.

Nicht so einfach, sagst Du?

Natürlich kenne ich aus eigener Erfahrung sämtliche Fallstricke, die uns daran hindern, uns dauerhaft gesund zu ernähren und jedes Mal eine richtige Entscheidung zu treffen!

Holen wir uns deshalb die Unterstützung des Bibers: seine Zielge-
richtetheit, seine Geduld und Ausdauer, seine Kunstfertigkeit, seinen
Gemeinsinn!
Gehen wir doch Vorhaben, die uns schwierig erscheinen, gemeinsam
in der Gruppe an, wenn es uns alleine noch schwerfällt!
Und denken wir bei jedem Bissen, den wir verspeisen, daran, uns
zu BEDANKEN!!! Dann fällt alles augenblicklich leichter!

Ich wünsche Dir einen erkenntnisreichen, dankerfüllten Tag!

Biber
Anna, 6 Jahre

2. Mai

Zugegeben, es ist anstrengend, sich zu entscheiden! Aber macht es nicht auch riesigen Spaß, wenn man mehrere Möglichkeiten vor sich liegen hat und das BESTE für sich wählen darf?!

Oft ist es ja nur die Frage des richtigen Zeitpunktes, was gerade besser zu mir passt und zuträglicher ist.

Mache zu diesem Thema eine kleine Körperübung aus dem Yogabereich, die Du an mehreren Tagen wiederholen solltest! (Wenn Du schon fortgeschritten bist, wählst Du einfach eine Übung nach Deinem Geschmack, die Dir HEUTE besonders wohltut!)

Knie auf allen Vieren nieder!

Du bist eine Katze. Achte auf einen tiefen gleichmäßigen Atem! Jetzt hast Du zwei Möglichkeiten, zwischen denen Du im sanften Rhythmus abwechselst. Senke den Kopf und mache einen Buckel! Danach lässt Du den Rücken gerade werden, hebst den Kopf an und blickst, während Du ein Bein anhebst, nach hinten, um das Bein sehen zu können. (Wiederhole das Kopfdrehen zur linken und zur rechten Seite !)

Wie Du bald merken wirst, liegt die Wohltat im Wechsel der beiden Bewegungen. Jede ist richtig, jede tut Dir gut, es kommt eben nur darauf an, ob Du Dich entspannt und zugleich bewusst auf die jeweilige Stellung einlässt.

Die Schwierigkeit des „Sich Entscheidens" liegt meist nur in unserer ängstlichen Besorgtheit, wir könnten in die falsche Richtung abdriften. Aber wenn wir lernen, auf unsere bereits gemachten Erfahrungen zurückzugreifen und zugleich auf unsere Innere Führung vertrauen, wird der Weg immer GUT und richtig sein. Wichtig ist allein das Gehen!

Die nächste kleine Übung wird für Dich die Auswahl Deines Monatssteines sein: Betrachte und wähle für Dich aus, welcher (ZUR ZEIT) am besten zu Dir passt: der orange-gelbe Beryll, auch Heliodor genannt, der türkisblau bis grün gefärbte Chrysokoll oder der rosafarbene Rhodochrosit (S. 51)!

Viel Schwung und Freude bei Deinen anstehenden Entscheidungen!

3. Mai

Hast Du heute schon Deine Yoga-Übung absolviert?
Denke, wenn Du in Deinen weichen, beweglichen „Tier"-Körper geschlüpft bist, an den kunstfertigen Biber! Genau so profimäßig, wie er sein Leben bewältigt, kannst Du das Spiel Deiner Knochen, Sehnen, Muskeln und Gelenke üben, während Du den Rücken hebst und senkst, während Du interessiert nach hinten schaust, um Deinen erhobenen „Katzenschwanz" zu betrachten. Du wirst sehen, es macht täglich mehr Spaß!

Begegne heute all Deinen kunstvollen und künstlerischen Anlagen! Beobachte draußen die herrliche Natur, die wundervollen Blüten und Farben, die abwechslungsreich gestalteten Tiere! Alles ist genauestens angepasst an die jeweilige Umgebung und die besonderen Bedürfnisse. Nimm auch mit Dir selbst Kontakt auf!

Ohne Dein Zutun ist alles an und in Dir vollkommen gestaltet. Komplizierteste Abläufe funktionieren ohne Dein Eingreifen. Mache Dir das Geschenk Deiner Fähigkeiten bewusst, die Du mitbekommen hast! Viele Deiner Gaben hast Du vielleicht noch gar nicht realisiert. Bitte nimm Dir heute Abend die Zeit für eine kleine Zusammenfassung im Lernheft!

Meine Gaben:
Körper: Ich staune über meine Schnelligkeit, Beweglichkeit, Schönheit
Geist: Ich staune über mein Urteilsvermögen, rasches Denken, meine Konzentrationsfähigkeit, meine klaren Zielvorstellungen, ...
Emotionen: Ich staune über meine Liebesfähigkeit, Warmherzigkeit, Achtsamkeit, meinen gerechten Zorn, ...
Spiritualität: Ich staune über meine unverbrüchliche Hoffnung, Demut, Leidensfähigkeit, Hingabe, meinen Glauben, ...
Besondere Fähigkeiten: Ich staune über meine Rechenfertigkeit, sportliche Begabung, Freude am Schreiben, mein Dichten, Tanzen, Malen, Musizieren, ...

Ich wünsche Dir Begeisterung für diesen schönen Tag!

4. Mai

Ich bin sicher, Du bist noch immer überwältigt von der Fülle Deiner Möglichkeiten und guten Anlagen, die Dich von Deinen Mitmenschen unterscheiden. (Falls nicht, solltest Du noch mal ganz gründlich darüber nachdenken !!!)

Die Freude an unseren Fähigkeiten hat nichts mit Überheblichkeit oder Egoismus zu tun, sondern sie ist unabdingbar, damit wir unser Potenzial auch wirklich zum Wohle aller zum Ausdruck bringen können.

Also noch einmal die Frage: „Was unterscheidet Dich von Deinen Mitmenschen?" Auch die kleinen Dinge und das sozusagen „Selbstverständliche" sind hier wichtig. Schließlich möchtest Du, genau wie ein Biber, Dein Leben zu einem wahrhaften Kunstwerk gestalten, oder etwa nicht?!

Lernen wir heute von einem Baum, der zurzeit in voller Blüte steht, wie wichtig es ist, sich auf die persönliche Eigenart zu stützen.
Schon beim ersten Hinsehen unterscheiden wir, ob es sich um die weiß blühende, echte Quitte handelt, die uns dichten Schatten spendet und von der wir im Herbst nahrhafte, wohlschmeckende Früchte ernten dürfen, oder um die orange rote Scheinquitte, die weniger Platz beansprucht und uns durch ihren leuchtenden Anblick erfreut.
Jedes hat seine Berechtigung und es liegt an uns, welcher Art wir in unserem Garten den Vorzug geben wollen.

Sogar bei den Pflanzenessenzen finden wir beide Sorten: Die kalifornische Essenz „Quince" wird mit den Blüten der Scheinquitte zubereitet, die einheimische Essenz „Quittenbaum" mit der echten Quitte. Vor einer geplanten Einnahme gilt es also genau hinzuspüren, was Dir augenblicklich mehr zusagt.

Notiere bitte die folgende Information in Deinem Lernheft und konzentriere Dich dabei auf die von Dir ausgewählte Blütenfarbe (weiß oder orange?):

Ich lerne meine starken und meine schwachen Seiten anzunehmen.
Nicht mehr innerlich hin und her gerissen,
treffe ich kraftvoll meine Entscheidungen.
In schwierigen Situationen handle ich kreativ und liebevoll.

Ich wünsche Dir einen entscheidungsfrohen Tag!

Quitte

5. Mai

Nachdem Du Dir Deiner Anlagen bewusst werden durftest, stehst Du bereits vor der nächsten Herausforderung. Um Deine Ziele zu erreichen, die Du im Zeichen des Habichts so klar vor Augen hattest, benötigst Du bestimmt eine ganze Menge an Fähigkeiten. Und täglich triffst Du Deine Entscheidung, welcher Schritt HEUTE für Dich der Richtige ist.

Um ganz genau hin spüren zu können, was sich im Moment GUT und RICHTIG anfühlt, lassen wir uns von der heilenden Kraft der Steine unterstützen, die uns eine stärkende Verbindung zur Mutter Erde schenken. In den kommenden zwei Wochen ist es besonders vorteilhaft, den passenden Stein immer bei sich zu tragen. Falls Dir dies nicht möglich ist, wähle auf dem Spazierweg einen gewöhnlichen Flussstein, der Dich besonders anspricht, und bitte innerlich um Erlaubnis, ihn mitnehmen zu dürfen!

Als Erstes betrachten wir den Chrysokoll, der in seinen zwei klar unterschiedenen Farben Grün und Blau die Biberqualität besonders deutlich widerspiegelt. Er schenkt uns Geduld und Ausdauer, bewahrt vor Stress, beruhigt die Nerven und löst Spannungen auf. Da er Deine Lernfähigkeit unterstützt, ist er gewiss ein guter Begleiter.
Der Chrysokoll aktiviert Dein Halschakra und vermehrt Deine Fähigkeit, Dich frei und offen zu zeigen. Er lässt Dich ungehindert auch vor größeren Gruppen sprechen. Daneben unterstützt er Dein Stirnchakra, so dass Du leichten Zugang zu Deinen intellektuellen Fähigkeiten finden und Deiner Berufung treu bleiben kannst.

Ich wünsche Dir einen Tag voller GUTER Gedanken!

6. Mai

Hast Du Dich vom Chrysokoll gut begleitet gefühlt?
Prüfe heute nach, ob einer der beiden anderen Monatssteine noch besser zu Dir passt!

Betrachte zunächst den rosafarbenen Rhodochrosit! Dieser Stein hilft Dir aus all Deinen Ängsten und Gehemmtheiten heraus, vertreibt depressive Stimmungen und lässt Dich, unter Dein Kopfkissen gelegt, ruhig schlafen. Erfreue Dich an seiner harmonischen Farbgestaltung, an der zierlichen Maserung! Der Rhodochrosit schenkt uns Freude, Harmonie und Vitalität. Vom Herzen ausstrahlend wirkt er ausgleichend auf unsere drei unteren Chakren.

Im Bereich des Solarplexus stärkt er die Willenskraft.

Im Sakralchakra lässt er uns Kontakte zu anderen Menschen aufnehmen und genießen.

Über das Wurzelchakra verleiht er uns Ordnungssinn und Großzügigkeit.

Zu guter Letzt nehmen wir noch den orangegelb gefärbten Beryll zur Hand. Unter dem Namen Heliodor ist er als einer der zwölf Heilsteine der Hl. Hildegard von Bingen bekannt geworden.

Dem Beryll wird eine verjüngende Wirkung nachgesagt. Er erfüllt uns mit neuem Lebensmut und wirkt harmonisierend auf Drüsen und Hormonproduktion.

Auf das Nabelchakra aufgelegt stärkt er Dein Ichbewusstsein und Deine Fähigkeit, selbstbestimmt zu leben.

Bitte lasse Dich gedanklich, mehr noch aber mit Deinem Herzen, bis morgen auf jeden der zur Wahl stehenden Steine ein! Fühle die besondere Schwingung der jeweiligen Farbe und begegne dem unterschiedlichen Wesen dieser drei Mineralien! Du allein kannst spüren und entscheiden, was genau FÜR DICH passt und Dir weiterhilft.

Ich bin ganz sicher, Du triffst eine gute Wahl!

7. Mai

Falls Du mit den zur Auswahl stehenden Heilsteinen nicht direkten Kontakt aufnehmen konntest, ist Dir die Entscheidung wohl nicht ganz leichtgefallen. Aber sicher weist Dich Deine derzeitige Farbvorliebe in die richtige Richtung.

Spüre genau hin, um die passende Körperstelle zu finden, wo Du heute Unterstützung gut gebrauchen kannst! (Wenn Du keinen der drei angegebenen Steine besitzt, verwende einen schönen großen Kiesel!)

Berühre jetzt, falls Du ihn gewählt hast, mit dem Chrysokoll Hals oder Stirn! Einen Rhodochrosit legst Du auf dem dritten, zweiten oder ersten Chakra ab. Der Beryll findet Platz auf Deinem Solarplexus.

Lege jetzt die linke Hand ganz leicht auf Deine Brust und verbinde so das Herzchakra mit dem Chakra, das Du soeben behandeln möchtest! Jeder der angegebenen Monatssteine aktiviert in besonderer Weise dieses Zentrum menschlicher und göttlicher Liebe. Vom vierten Chakra aus fließt Heilung und Liebe genau dahin, wo Du sie am dringendsten benötigst.

Mache Dir bewusst, wie Dein ganzes Wesen und Sein erfüllt wird von dieser tiefen Liebe!

Betrachte die Natur vor Deinem Fenster! Kein lebendes Wesen, keine Pflanze, kein Tier, kein Mensch könnte bestehen, gedeihen und wachsen ohne diese Liebe. Sie verbindet Dich mit allem, was ist. Lass dieses Gefühl des Einsseins einströmen in jede Deiner Zellen! Atme Liebe ein und Liebe aus!

SEI BEI DIR !

Ich wünsche Dir einen dankerfüllten Tag!

8. Mai

Du hast gestern eine Entscheidung getroffen: nicht bloß über die Wahl eines passenden Steines, nein, über Dein ganzes Leben! Indem Du bei diesem winzigen Schritt Verantwortung für Dich übernommen hast, signalisierst Du Deine Bereitschaft, Dich der Liebe zu öffnen. Dir selbst freundlich und fürsorglich zu begegnen, ist tatsächlich die Grundvoraussetzung für jedes weitere Vorgehen.

In der Zeit der wiederkehrenden Frösche können wir diese liebevolle Fürsorge bei allen guten Gärtner/innen beobachten. Freilich denken sie schon jetzt an den Ertrag, aber wichtiger ist ihre Zuneigung zur Natur! Ihr ganzes Handeln wird bestimmt von ihrem „grünen Daumen". Sie wissen sich den Pflanzen so tief verbunden, dass sie genau spüren, wann es Zeit ist zu säen, zu gießen, zu düngen. Sie treffen Vorsorge gegen Schädlinge. Sie schaffen Schutz vor Kälteeinbrüchen. Vielleicht beachten sie sogar die Mondphasen.

Bitte höre heute aufmerksam in Dich hinein! Bist Du ein/e freundliche/r, achtsame/r Gärtner/in Deiner Seele? Schenkst Du „dem Kind in Dir" die Zärtlichkeit, den Trost, die Zuneigung, die es braucht, um in der oft rauen und kalten Welt Wurzeln zu schlagen und zu gedeihen?

Berühre mit Deinem ausgewählten Stein Dein Herz, schließe dabei die Augen und versprich Deinem inneren Kind, gute, weise Entscheidungen zu treffen, damit es sich wirklich wohlfühlen kann! Sei Du selber Dein/e beste/r Freund/in, sei Dir Vater und Mutter!

Ich wünsche Dir einen ganz besonderen, liebevollen Tag!

9. Mai

Sicher bist Du gestern Deinem liebevollen Herzen sehr nahegekommen. Fühlt sich das nicht geradezu perfekt an?

Um dank Deiner Fähigkeiten Dich selbst und später, nach ausreichender Übung, auch Deine Mitmenschen, mit Deinem großen, offenen Herzen zu erfreuen, kannst Du jede Menge Unterstützung gebrauchen.

Betrachten wir heute gemeinsam den Birnenbaum, der vor kurzem noch in voller Blüte stand. Mit seiner Schwingung überbringt er uns die Botschaft auf sanfte, genüssliche Weise.

Erinnere Dich an seine köstlichen Früchte! Besser noch, gönne Dir eine Birne und verspeise sie voller Genuss! Denke dabei an die Menschen, die sie für Dich geerntet haben, vielleicht in einem fernen Land, wo es zurzeit wärmer ist als bei uns!

Die einheimische Blüten-Essenz der Birne unterstützt Deine mütterlichen Qualitäten in jeder Hinsicht. Du könntest sie einnehmen, wenn Du Dir und Deinem „inneren Kind" viel Zuwendung schenken möchtest. Daneben ist sie natürlich eine hilfreiche Essenz für werdende Mütter.

Bitte notiere Dir für alle Fälle die folgende Information im Lernheft:

Ich lerne mich zu entspannen und gut zu zentrieren.
So finde ich inneren Frieden und die Kraft,
Verantwortung zu übernehmen.
Meine Aufgabe als Mutter nehme ich gelassen und freudig an.

Genieße diesen Tag mit vollen Sinnen!

10. Mai

Bist Du Deinem mütterlichen Wesen auf die Spur gekommen? Genieße Deine Wärme und Sanftheit, Deine Offenheit und Empfänglichkeit! Nütze Deine weiblichen Fähigkeiten, wo immer sie gebraucht werden!

Wenn wir unsere Ziele verfolgen, sind wir es gewohnt, mehr unsere männliche Seite nach außen zu kehren. Vor lauter Angst, uns nicht durchzusetzen oder gar übersehen zu werden, geraten wir in Anspannung und Hektik. Kein Wunder, wenn die ganze Gefühlswelt, (= unser inneres Kind) zu leiden beginnt und aufbegehrt.
Ist nicht unsere heutige Gesellschaft ein Spiegelbild von verletzten, übersehenen Kindern, die sich eigensinnig bloß noch selber betrachten? Das wundert nicht, da ja menschliche Wärme vor lauter Leistungs- und Gewinnstreben nicht mehr zählt, weil sie sich scheinbar nicht „auszahlt".

Du siehst, es genügt nicht, um das Medizinrad zu wandern und die Schönheit der Natur zu genießen. In dem Moment, wo wir erkennen, dass wir EINS sind mit ALLEM, verändert sich das ganze Leben.
Gerade der „Biber" will verwirklichen, was ihm bewusst geworden ist. So wie sich die herrlichen Blüten des Frühlings in kürzester Zeit zu kleinen Früchten verwandeln, so wollen unsere Ideen ausgesprochen, gehört und in die Tat umgesetzt werden.
Machst Du mit, HEUTE eine bessere Welt zu schaffen, in der Männliches und Weibliches gleichermaßen respektiert wird? Nur ein winziger Schritt ist dazu nötig. Lernen wir von der Pfirsichblüte:

Dankbar fühle ich, wie sich seelische Spannungen lösen.
Ich empfinde so viel Liebe zu mir und meinen Mitmenschen,
dass ich aus ganzem Herzen zu schenken vermag.

Öffne Dein Herz heute für wenigstens einen Menschen, der Deine Hilfe braucht!

11. Mai

Hast Du Dich anrühren lassen von der Botschaft der Pfirsichblü-
ten? Zumindest bei uns in Deutschland sind Pfirsichbäume etwas Sel-
tenes und gelten aufgrund ihrer Schönheit und schmackhaften Früchte
als kostbar.

Genauso ist es mit dem Schenken. Es ist etwas Besonderes, geschieht außer der Reihe und meist zu einem geeigneten Anlass. So
sehr das Geben auch Freude bereitet, es kann schnell auf beiden Seiten zur Verunsicherung führen, weil die Balance gestört wird. Es wäre
also durchaus verständlich, wenn Dein „inneres Kind" aufbegehrt und
sich schlimmstenfalls sogar selber übergangen fühlt, wenn es dazu
gedrängt wird, Geschenke zu machen!

Mir persönlich hat der Beitritt in eine Tauschbörse sehr geholfen,
einen gesunden Ausgleich zu schaffen. Vielleicht gibt es eine Zeit-
Tauschbörse ganz in Deiner Nähe?

In der Natur draußen erzählt uns der würzig duftende Feldthymian
viel Interessantes über das Zusammenspiel von Pflanzen und Tieren.
Als einheimische Essenz findest Du ihn unter der Bezeichnung Quendel. Bitte notiere in Deinem Lernheft:

Ich kann die Ungerechtigkeit der Welt,
was mich und andere betrifft, manchmal nicht verstehen.
Aber ich mache mir die Gesetze des Lebens
immer mehr vertraut.
Fürsorglich und ausdauernd bringe ich
die Dinge ins Gleichgewicht.
Ich gestalte eine schöne Welt für mich und die anderen.

Ich wünsche Dir bis morgen viele supergute Ideen!

12. Mai

Willkommen im Tausch-Klub! Ist es nicht geradezu wohltuend, im Fluss des Gebens und Nehmens zu schwimmen?!

Erlebe heute das Gefühl der Gleich-Wertigkeit! In einer Welt, wo jede/r gleichermaßen geschätzt und anerkannt wird, wo es keinen Unterschied macht, ob Du Krankenpfleger oder Ärztin bist, Busfahrer oder Küchenmädchen, Managerin oder Gärtner, spielt Geld keine unterscheidende Rolle mehr. Die Zeit eines jeden Menschen ist gleich kostbar. In der Biber-Position zählt, ob Du Deinen Dienst MIT FREUDE anbietest, ob Du im Rahmen Deiner Möglichkeiten DEIN BESTES gibst!

Was hindert Dich an dieser Denkweise?

Stelle Dir heute bitte folgende Fragen:
- *Arbeite ich, weil ich das Geld dringend brauche?*
- *Macht mir meine derzeitige Tätigkeit Freude, füllt sie mich aus?*
- *Ist mir Besitz wichtiger als die Menschen, für die ich arbeite?*
- *Gibt es Aufgaben, die ich lieber tun würde, aber es geht nicht? WARUM???*
- *Erkenne ich mich für meine Leistungen SELBER an?*

Auf viele dieser Fragen findest Du hilfreiche Antworten bei der Zwetschge, die mittlerweile auch als einheimische Essenzflasche zur Verfügung steht. Bitte schreibe Dir auf:

Ich lerne loszulassen, was mir nicht guttut.
Das Leben hält seine ganze Fülle für mich bereit.
Dankbar nehme ich alle Geschenke an
und teile großzügig mit anderen.

Ich wünsche Dir offene Augen für die vielen Gaben, die für Dich und für uns alle bereitliegen!

13. Mai

Hoffentlich kannst Du Dich, zumindest seit gestern (!) mit liebevollen Augen sehen?!

Meist sind wir von klein auf so sehr gewohnt, uns von außen zu betrachten, dass alle Kritik, jedes Lob und jeder noch so gut gemeinte Ansporn unserer Eltern und Lehrer letztendlich auf das eine hinausläuft: Wir sind einfach nicht gut genug! Es könnte besser sein!

Beobachte noch einmal den Biber! Ohne sich zu hinterfragen, trägt er seinen hübschen Pelz vor sich her, zeigt er seine Beweglichkeit und Kraft. Mit kunstvollem Eifer baut er seine Burgen! Freilich, wirst Du einwenden: Er ist ja BLOSS ein Tier!

Und das ist der Knackpunkt! Unser hoch entwickeltes, menschliches Gehirn führt uns nicht schnurgerade vorwärts in eine bessere, weil „vernünftigere" Welt. Leider, leider lässt es uns so manche Irrwege gehen und verursacht viele unnötige, schmerzhafte Erfahrungen.

Schau heute bitte einmal in den Spiegel, BEVOR Du Dich zurechtgemacht hast! Bist Du nicht ein perfektes Kunstwerk, ausgestattet mit den erlesensten Funktionen?

Registriere wie ein tüchtiger Kaufmann, was Du alles anzubieten hast: zahlreiche Sinnesorgane, um die Barriere zwischen Innen- und Außenwelt zu überbrücken; eine geschmeidige Haut, um ganz bei Dir zu bleiben, aber doch wieder durchlässig genug, Dein Wohlbefinden zu steigern; schönes dichtes Haar zum Schutz gegen Hitze und Kälte; bewegliche Glieder und Gelenke, u.u.u.

Was gibt es hierbei zu kritisieren? Na klar, wir sind ja derart klug, dass wir tausend Einwände finden können, um doch noch unzufrieden zu sein!

Setze heute den einzigen SINNVOLLEN Gedanken dagegen: ICH BIN GUT SO, WIE ICH BIN!

Dies ist ein herrlicher Tag um zu DANKEN! Genieße ihn!

14. Mai

Mal ganz ehrlich, bist Du seit gestern rundum zufrieden mit Dir selbst? Ich möchte es Dir so sehr wünschen!

Wir Menschen sind ja meist stolz auf unsere „realistische" Einschätzung. Wir sehen, was wir sehen! Das behauptet zumindest unser männlich geprägtes Denken. Vernunft und Logik regieren uns, und in ihrem Schlepptau gleich noch Kritik und Ängste.

Was hat Dir der Blick in den Spiegel denn alles gezeigt? Einen wundervoll geschaffenen, vitalen Menschen, einen, der vor Gesundheit strotzt? Blitzt Dir die Lebenslust aus den Augen? Ja??? Dann hast Du heute hausaufgabenfrei!

Oder gibt es da diverse Befindlichkeitsstörungen, fühlst Du Dich energielos, angeschlagen? Bist Du vielleicht richtig unpässlich? Leidest Du an einer schweren Krankheit?

Tatsachen lassen sich nicht wegleugnen. Es schmerzt sogar ungemein, wenn wir von unseren Mitmenschen zur Verleugnung unserer Empfindungen und zu einem aufgesetzten Wohlgefühl animiert werden. „Der hat gut reden!", „Keiner versteht mich", denken wir und leiden still vor uns hin. Aber wie gehen wir selber mit uns um?

Weder Härte noch Selbstmitleid bringen uns den kleinsten Schritt voran. Mache bitte eine nüchterne Zwischenbilanz! Zu welcher Seite tendierst Du mehr?

Wenn Du mit Deinen seelischen und/oder körperlichen Schmerzen nicht klarkommst, hole Dir rückwirkend Hilfe bei der Puma-Position!

Falls Du zu streng, gewalttätig und ungeduldig mit Dir umgehst, lass Dich noch einmal vom Habicht unterstützen!

Und dann setze Dich an einen schönen, stillen Ort und lausche dem Versprechen der Aprikosenblüten:

Fröhlich und heiter gehe ich mein Leben an.
Ich spüre, wie sich mein seelisches Wohlbefinden positiv
auf die noch vorhandenen körperlichen Beschwerden auswirkt.

Ich wünsche Dir einen leichten, entspannten Tag!

15. Mai

Fühlst Du Dich von Herzen wohl? Oder hat sich Dein Befinden seit gestern zumindest ein wenig verbessert?

Veränderung geschieht in so kleinen Schritten, dass sie uns oft gar nicht bewusst wird.

Achte dankbar auf das Gute in Deinem Leben! Jeder freundliche Gedanke verscheucht einen anderen, der Dich nur unnötig leiden lässt! Entscheide Dich für das Helle und Lichte, verbünde Dich mit Deiner wundervollen, glücklichen Zukunft! Erkenne Deine eigene Macht und lasse sie sichtbar werden in dem, was Du Dir HEUTE erschaffst!

Mit ein bisschen Übung wird Dir diese Einstellung so selbstverständlich wie ein Apfel, den Du aufgrund seiner Lagerfähigkeit praktisch das ganze Jahr hindurch genießen kannst.

Betrachte die kleinen robusten Fruchtstände an den Ästen, wo der Regen die weißrosafarbene Blütenpracht weggewaschen hat! Jede einzelne Blüte verwirklicht sich auf ihre unbeirrbare selbstverständlich erscheinende Weise. Einfach, weil sie sich nicht gegen ihren Auftrag sperrt!

WAS IST DEIN AUFTRAG ?

Bitte notiere im Lernheft die Information der Apfel-Essenz:

Ich entdecke meine eigenen Quellen der Kraft und Kreativität.
Optimistisch, belastbar und zupackend
finde ich immer mehr Freude am Leben.

Ich wünsche Dir einen Tag voll Energie und guter Laune!

16. Mai

Bist Du Dir gestern Deiner ureigenen Aufgabe bewusst geworden? An dieser Stelle warst Du ja schon einmal, vor zwei Monaten, als Du Dir über Deine Ziele klar geworden bist!

Jedes Deiner Ziele führt Dich (HOFFENTLICH !!!) schnurstracks zur Verwirklichung Deines wahren Selbst. Falls nicht, kommen die unüberhörbaren Warnhinweise sowieso: Unwohlsein, Schmerz, Krankheit, Misserfolg ....

Achte einfach auf alle Signale, bedanke Dich lächelnd für den wichtigen Hinweis und gehe wieder frohgemut IN DEINE RICHTUNG !

Die kleinen Umwege schaden nicht, sie bilden nur eine NOTwendige weitere Erfahrung auf Deinem Weg. Was einzig zählt, ist unsere innere Einstellung. Um zu sehen, was wir vorher gedacht haben, brauchen wir nur das Ergebnis zu studieren.

Halte heute bitte nach Ulmenbäumen Ausschau! Da sie bereits im März geblüht haben, sind sie schon über und über mit kleinen Früchten behängt, die aussehen wie winzige Spiegel. Erfreue Dich am sichtbar gewordenen Erfolg dieses Baumes und notiere Dir die Information der Bach-Blüte Elm:

Ich fühle mich innerlich zuversichtlich
und lerne mich selbst wirklich zu respektieren.
Das macht mich verantwortungsvoll und leistungsfähig.

Besinne Dich heute auf Deine Macht!

17. Mai

Bist Du mit Deinen Ergebnissen zufrieden? Wie schön, das sollst Du auch!

Je besser wir lernen, unsere kleinen Erfolge überhaupt wahrzunehmen, desto leichter geht es weiter voran.

Bitte mache es Dir zur lieben Gewohnheit, Dir täglich selbst die Bestätigung zu schenken, die Du Dir bisher von Deinen Mitmenschen „erträumt" hättest!

Am besten hältst Du Deine Fortschritte im Lernheft schriftlich fest, damit Du Dich lange daran freuen kannst:
Toll, dass ich heute ....
Ich bin stolz darauf ....
„Das und das" habe ich wirklich gut gemacht!

Eigenlob stinkt nicht! Es duftet köstlich wie die Fliederblüten, die überall noch in ihrer vollen Blütenpracht zu bewundern sind. Versenke beim Spazierengehen Deine Nase tief in das aromatische Wunder aus Weiß, Zartblau, Lila oder Dunkelviolett! Jeder Fliederbusch duftet wundervoll, und jeder riecht ein wenig anders.

Erfreue Dich heute aus tiefstem Herzen an Deiner eigenen Individualität!

Flieder

18. Mai

Feiere das Wunder Deiner eigenen Persönlichkeit ruhig noch ein wenig weiter!

Mach Dir bewusst, dass Du ein Geschenk bist für diese Welt, vielseitig und unverzichtbar! Entdecke immer neue Möglichkeiten, Dich im Kreis Deines nahen und weiteren Umfeldes einzubringen! Wir alle brauchen Dich! Die Erde hat auf Dich gewartet, genau auf Dich, und niemand könnte Dich und Dein Dasein jemals ersetzen!

Kann sein, dass nicht mal Deinen Eltern damals, als Du geboren wurdest, bewusst war, welches Geschenk sie gerade erhalten hatten. Doch Dir ist es heute bewusst geworden!

Suche Dir einen stillen Ort und knie auf die Erde nieder! Stelle Dir vor, Du kniest vor Deinen beiden Eltern! Strecke die Arme nach vorn und empfange noch einmal von Deiner Mutter, von Deinem Vater, von Gott und von Mutter Erde das Geschenk Deines einzigartigen, kostbaren Lebens! Sage DANKE für dieses Geschenk!

Um dieses Erlebnis zu verankern, hole Dir, wenn möglich, einen Fliederstrauß ins Zimmer! Sein Duft stärkt Dein Wurzelchakra und schenkt Dir festen Halt auf dieser Erde.

Die Blüten in Olivenöl eingelegt ergeben ein wirksames Mittel bei Rheuma- und Gelenkschmerzen.

Bitte notiere Dir im Lernheft die Information der einheimischen Essenz Flieder:

Ich erkenne meinen eigenen Wert und meine Möglichkeiten.
So lerne ich mein ureigenes Wesen zu zeigen
und erfreue mich daran, dass ich erwachsen bin.
Die Fürsorge für mich selbst und mein Heim
schenkt mir Stabilität und Zufriedenheit.

Mache Dir heute eine kleine sichtbare Freude!!

19. Mai

Bist Du noch angefüllt vom berauschenden Duft des Flieders? Trostreich überdeckt er die aufkeimende Wehmut, dass wir uns gerade für ein ganzes Jahr von der Blütenfülle der Obstbäume verabschieden müssen.

Freilich wissen wir, dass der Ablauf vorgegeben ist, dass die Blüten fallen, um für Früchte Platz zu machen, und dass sie im nächsten Frühling wiederkehren genau wie die Frösche. Und dennoch schmerzt es.

Wenn Du heute spazieren gehst, halte Ausschau nach den vereinzelten Blütengesichtern, die trotz Regen, Hagel oder Sturm noch an den Zweigen verblieben sind! Nimm Abschied von den zarten, sanften Gebilden und sauge ein letztes Mal die Fülle von Erwartung und Vorfreude in Dich auf, die uns die letzten Wochen hindurch begleitet hat!

Dass sich das Versprechen auch tatsächlich erfüllt, kannst Du besonders leicht an den Kirschbäumen ablesen. Kein anderer Obstbaum ist so über und über behängt mit winzigen, aber deutlich erkennbaren Früchten, unübersehbar Kirschen, Kirschen, Kirschen!

Das ist der Handel: Blüte gegen Frucht. Der Biber hat es uns eindrücklich gelehrt. Es funktioniert mit Ausdauer, Fleiß und ganzem Körpereinsatz. Das Besondere daran ist, dass es wirklich Spaß macht, sich zu plagen. Denke nur daran, wie wohltuend sich Deine Körperübungen anfühlen, v.a. wenn Du sie regelmäßig ausführst. Lerne heute von der Essenz der Kirsche:

Ich verspüre Energie, Fröhlichkeit und Lebensfreude.
Endlich kann ich mein Leben genießen.
Zufrieden gestalte ich mir und den Meinen
die Welt so, wie es uns guttut.

Ich wünsche Dir einen erfüllten, lebendigen Tag!

20. Mai

Sicher bist Du gestern mithilfe der Kirschen-Essenz noch einmal richtig eingetaucht in das Wunder und in die Fülle der Natur. Speichere diese überschäumende Freude für die Zeit, die vor Dir liegt!

Rufe Dir ins Bewusstsein, welch vielfältige Möglichkeiten in Dir schlummern und bereits zu blühen begonnen haben: Deine handwerklichen Fähigkeiten, Deine Gestaltungskraft, Dein gärtnerisches Geschick, Dein Schönheitssinn, Deine Kreativität, Deine Teilhabe an der Gemeinschaft!

An diesem letzten Tag der Biber-Position begegnen wir der Heidelbeere, die auf elegante Weise zusammenfasst, was wir in den vergangenen dreißig Tagen lernen durften.

Schließe die Augen und nimm mit einem der unauffälligen, bodenständigen Heidelbeersträucher Verbindung auf!

Lass vor Deinem inneren Auge die Jahreszeiten vorüberziehen! Erlebe, wie der Schnee abtaut und die erste Frühlingssonne hellgrüne Blättchen hervorlockt!
Unter den wärmenden Strahlen bilden sich grünlich und rötlich gefärbte Blüten wie kleine Kugeln.
Stelle Dich der Herausforderung der Wettereinbrüche, den späten Frostphasen, den Regengüssen, dem Hagel! Sei umso dankbarer für die mild wärmenden Strahlen und den sanften Morgentau!
Sieh zu, wie unter der Frühlingssonne die Früchte heranreifen und sich blauschwarz einfärben!

Gib Dich dem natürlichen Rhythmus hin und lass Dich wiegen von der Selbstverständlichkeit des Seins! Freue Dich schon jetzt über das Tier oder den Menschen, der die köstlichen kleinen Beeren ernten und verspeisen wird!

Das allein ist Deine Bestimmung: EINS ZU SEIN!

Bitte notiere im Lernheft die Botschaft der Heidelbeere-Essenz:

Ich erlebe mich als Teil der Natur
und finde Zugang zu ihren tiefen Botschaften.
Kreativ und zupackend
lerne ich mein natürliches Umfeld zu gestalten.

Ich wünsche Dir einen sanften Übergang zur nächsten
Medizinrad-Position!

Heidelbeere

Mond der Maisaussaat

Hirsch

Anmutige Bewegung

Lauterkeit Umsichtigkeit Wahrheit

Verbindest Körper Geist Seele

Gesund

Die Lernthemen

Der Frühling ist die Zeit der Verbindung.
Nimm Dich als Teil des Großen Ganzen wahr!

Der Frühling ist die Zeit des Ausgleichs.
Führe die widerstreitenden Kräfte in Dir friedlich zusammen!

Der Frühling ist die Zeit der Stärkung.
Spüre Deine Kraft und stelle sie
dem Großen Ganzen zur Verfügung!

Der Frühling ist die Zeit der Erleuchtung.
Finde Zugang zu Deinem inneren Wissen!

Hirsch

Geißblatt = Honeysuckle

Schafgarbe=Yarrow

Linde

Waldrebe = Clematis

Eberesche

Anis

Berg-Ahorn

Silberpappel

Moosachat

Andenopal

Chalcedon

21. Mai

Spürst Du es? Wie im Traum sind wir aus der Position der Beständigkeit und Nachhaltigkeit in eine neue Schwingung getragen worden.

Bitte öffne gleich jetzt das Fenster und atme in tiefen Zügen die frische Morgenluft ein! Richte den Blick nach Osten, hin zur aufgehenden Sonne!

Noch einen dritten Monat lang wird uns Wabun, der mächtige Steinadler, am Medizinrad begleiten und unserem Geist Kraft schenken.

Wie weit sind wir schon vorangeschritten! Wenn wir früh aufstehen, ist es längst hell geworden und die Natur sprüht vor Aktivität.

Diese unternehmungslustige Energie ist auch Dein eigener Anteil, Du brauchst Dich nur darauf einzulassen. Lass Dich heute tragen von der Leichtigkeit und Unbekümmertheit des Seins! Schwinge Dich mit Wabun, dem Steinadler, hoch hinauf in die Lüfte und betrachte von oben das wunderschöne Zuhause, das Du Dir geschaffen hast, Deine Familie und die Menschen, mit denen Du tagtäglich zu tun hast, Dein berufliches Umfeld, Deine Freizeitaktivitäten!

Genieße den Überblick und die Unbekümmertheit dieses einzigartigen Momentes! Du bist so weit weg, dass kein Raum ist für Schmerz oder Sorge. Alles ist nur ein Traum!!!

Nimm dieses Gefühl mit in den Tag!
Male Dir heute Abend im Lernheft einen blauen sonnenumstrahlten Himmel mit vielen kleinen, verspielten Wolken!

Einen fröhlichen Tag bis morgen!

22. Mai

Bist Du gut in der neuen Energie angekommen? Fühlst Du Dich schon ein wenig leichter und beschwingter als sonst? Wie schön!

Betrachte heute wieder einmal die Schmetterlinge! Als wir diesem Symbol für Freiheit, Wandel und Beweglichkeit am Medizinrad zum ersten Mal begegnet sind (in der Position des Otters) konnten wir ihr schimmerndes Farbenspiel nur in unserer Fantasie bewundern. Jetzt im Frühling sind sie zuhauf unterwegs, in allen Formen und Spielarten.

Vielleicht findest Du Zeit, Dich auf einer Wiese oder im Park niederzulassen. Beobachte einen Schmetterling, sei ganz bei ihm! Du kannst mit ihm zusammen das herrliche Blumenangebot begutachten und es Dir auf Deiner Lieblingsblüte gemütlich machen. Schließe die Augen, um Dich ganz dem köstlichen Duft und dem wohlschmeckenden Aroma des Nektars hinzugeben! Sauge die Süße der erwählten Blume in Dich ein!

Spüre das Glück Deiner weit offenen Sinne! Obwohl Du der Erde so nahe bist, dass Du ihre Wärme fühlen und ihren Geruch wahrnehmen kannst, scheinst Du doch in Deinen Gedanken in einer vollkommen entrückten Welt zu sein.

Hier, wo sich Wabun und Schmetterling vereinen, transformieren sich die erdgebundenen Kräfte. Die Schildkröte hat ihre Macht verloren. Es herrscht der sanfte Flügelschlag, der Zauber des Dahingleitens, das kindliche Spiel schimmernder Seifenblasen.

Höre auf die Information des rankenden Geißblattes = Bachblüte Honeysuckle:

Indem ich das Vergangene loslasse,
schaffe ich Raum für meine schöne, wunderbare Gegenwart.
So werde ich aktiv und handlungsfähig.
Ich erkenne, wo ich aktiv werden kann
und fließe mit dem Fluss des Lebens.

Bitte nimm Dir heute Abend die Zeit, ein Bild zu den Eindrücken des Tages zu malen! Ich wünsche Dir dabei beschwingte Leichtigkeit und viel Freude!

23. Mai

Was Du gestern wohl gemalt hast? Sicher ist Dein Bild leicht, farbenfroh und spielerisch geworden, vielleicht hast Du sogar Neues ausprobiert?! Der „Schmetterlingsanteil" in uns genießt es, endlich mal freigesetzt zu werden.

Da bei der derzeitigen Medizinradposition das Höchstmaß an Geistigkeit und Beweglichkeit zusammentreffen, begegnen wir an dieser Stelle dem Symbol des Hirsches.

Den meisten von uns stehen die Rehe von Kindheit an besonders nahe. Welch ein Erlebnis, diese Tiere am Waldrand beobachten zu dürfen oder gar zu erleben, wenn das aufgescheuchte Wild durch das Gebüsch bricht! Dagegen ist der Besuch eines Wildgeheges nur ein spärlicher Ersatz, weil sich das scheue Tier hier schon zu sehr dem Menschen angepasst hat. Nütze die Möglichkeit der Kontaktaufnahme, die Dir am leichtesten fällt, notfalls über Film oder Bild!

Bitte nimm mit einem Hirsch Verbindung auf! Streife Dein menschliches Bewusstsein für eine kleine Weile ab, begebe Dich in den Körper dieses herrlichen, starken Tieres! Sieh mit seinen Augen! Trage sein stolzes Geweih! Lauf auf seinen Füßen und spüre die harten Hufe in Moos und Gestrüpp! Eile durch den Wald, allein oder inmitten eines Rudels, ganz wie es Dir gefällt!

Lass Dich vom Hirsch führen, entdecke seine Gewohnheiten und Vorlieben! Setze Dich über alle Hindernisse hinweg!

Bleibe heute, egal wo Du Dich aufhältst, in dieser Energie des Hirsches und nimm aufmerksam wahr, was sich in Deinem Leben verändert! Ich wünsche Dir einen Tag und eine Nacht ganz in Deiner schöpferischen Kraft!

24. Mai

Wie hast Du Dich gefühlt als Teil des Waldes und als das energiegeladene, leichtfüßige Wesen, mit dem Du gestern in Verbindung getreten bist?

Mach Dir immer wieder klar, dass in jedem von uns alle die Anteile verborgen sind, die uns am Medizinrad begegnen! Es wirkt sehr erleichternd, zu wissen, dass wir für ALLES eine Lösung in uns tragen. Wenn wir uns auf diesen kraftvollen Anteil in uns besinnen, wird er uns zugänglich und wir können jederzeit auf seine Unterstützung zurückgreifen.

Betrachten wir also heute diesen Seelenanteil, wobei uns die Energie des Hirsches besonders hilfreich sein wird! Es geht um die Kraft der Veränderung.

Frage Dich:
Was in meinen Leben bedarf einer Veränderung:
- meine innere Einstellung und Denkweise?
- meine Art, mich nach außen zu zeigen?
- der Beruf?
- die Familie, die Partnerschaft?
- mein Beitrag für das Gemeinwesen?
- meine religiöse Ausrichtung?

Solche und ähnliche Fragen hast Du Dir bereits mehrmals gestellt. Dieses Mal darfst Du ganz konkret werden. Male Dir die ersehnten Veränderungen in den leuchtendsten Farben! Höre Dir innerlich zu, wie sich Dein Reden verändert! Beobachte Dich bei einem neuen Verhalten! Registriere genau die Farben, Gerüche, Geräusche, die in den vorgestellten Situationen auftauchen!

Ich wünsche Dir heute lauter Bilder zum Anfassen!

25. Mai

Hast Du es auch gespürt? Veränderung muss nicht Angst machen, im Gegenteil fühlt sich so ein Richtungswechsel manchmal aufregend und stimulierend an. Besonders dann, wenn er freiwillig geschieht!

Schon zu Frühjahrsbeginn haben wir uns bemüht, die passende Richtung einzuschlagen und vieles konntest Du in den vergangenen Wochen bereits verwirklichen.

Jetzt, im Schutz von Wabun und mit der gleichzeitigen Aufmunterung durch Hirsch und Schmetterling, erschaffst Du Dir scheinbar mühelos ein klares, buntes Bild, wie alles sein wird. Ja Du holst Dir das Geschehen greifbar in den HEUTIGEN TAG. Deine Träume sind wirklich wahr geworden, JETZT!

Wenn Du heute die Natur bewunderst, erinnere Dich bitte jedes Mal, sobald Dein Blick irgendwo hängen bleibt, an Deinen Plan! Lass jede Blume, jedes Tier, jede Wolke ein kleiner unaufdringlicher Mahner sein, dass alles wahr wird, was Du Dir je erdacht hast!

Genau so, wie Du es Dir vorstellst, darf es Wirklichkeit werden.

Jede winzige Einzelheit der Natur bleibt sich selber treu. Das Wunderbare daran ist die durchgängige Stimmigkeit: An der Ulme wird später keine Haselnuss hängen, auch wenn sich die Blätter noch so ähneln, der Apfelbaum schmückt sich nicht mit Birnen. Und DEINE Ziele werden zu DIR passen, höchstpersönlich und unverwechselbar! Die Kunst des Hirsches heißt schlichtweg: SEI DU SELBER!

Ich wünsche Dir spielerisch leichte Stunden und Träume zum Anfassen!

26. Mai

Hast Du gestern intensive Verbindung aufgenommen mit Deinen Hoffnungen und Träumen? Stehen Deine Visionen in klaren, greifbaren Bildern vor Dir?

Prima, denn eine bessere Unterstützung als in diesen Tagen werden wir das ganze Jahr nicht mehr erhalten! Wir befinden uns derzeit im Mond der Maisaussaat. Was will uns das sagen?

Die Indianer wählen ihre Bezeichnungen auf der Grundlage genauester Naturbeobachtung. Wie jeder gute Landwirt säen sie zum günstigsten Zeitpunkt, immer eine reiche Ernte im Blick. Also heißt es, die letzten möglichen Frosttage abwarten, den Mond- und Sonnenstand beobachten, gleichmäßige Regenperioden einplanen.

Warum aber gerade Mais? Dieses Getreide ist das Grundnahrungsmittel der indianischen Bevölkerung und steht im Medizinrad symbolisch im Innenkreis auf der Position der „Mutter Erde". Was wir jetzt pflanzen und planen, wird sich als unser „tägliches Brot" verwirklichen, es zählt zum Unabdingbaren, NOT- wendigen.

Mache Dir heute also noch einmal bewusst, wie wichtig und bedeutsam Deine Ziele für Dein weiteres Leben sind, dass sich jeglicher Einsatz und alle erdenkliche Mühe lohnen, um sie zu erringen! Es gibt nichts, aber auch wirklich gar nichts, was Dich von ihnen abhalten dürfte!

Lies bitte noch einmal aufmerksam durch, was Du Dir vorgestern vorgenommen hast! Befreie Dich von allem Ballast, der Deinen Weg beschweren könnte! Lass alle Einwände hinter Dir und durchbrich wie der Hirsch mutig das Gestrüpp auftauchender Ängste!

Verbinde Dich heute bei jedem Bissen, den Du verzehrst, ganz bewusst mit der Pflanze (oder dem Tier), das Dich ernährt! Segne Dein Essen und segne Deine Ziele, die Dir geistige Nahrung bescheren werden!

Ich wünsche Dir einen Tag voll tiefer Dankbarkeit!

27. Mai

Hast Du Dir Deine Wünsche einverleibt wie gutes Essen? Bist Du intensiv in Verbindung getreten mit Deinen Träumen, die endlich wahr werden dürfen? Erlebst Du Dich staunend als Schöpfer dessen, was Dir zufällt?

Nicht umsonst finden wir in der christlichen Tradition im Monat „der Maisaussaat" das kirchliche Hochfest Pfingsten. Jesus, der greifbare, menschgewordene Gott ist zum Himmel aufgestiegen, um von dort den „Schöpfer Geist" auf die Erde zu senden. Das Geistige, das untrennbar mit dem Göttlichen in Verbindung steht, erschafft Neues und WUNDERBARES unter uns Menschen.

Wenn Du schon eine Weile versucht hast, diese Erkenntnisse zu leben und in die Tat umzusetzen, wirst Du immer wieder an Grenzen stoßen, wo sich Visionen scheinbar nicht verwirklichen lassen. Schnell liegt der Gedanke nahe, das Konzept funktioniere gar nicht oder man habe etwas falsch gemacht.

Wie also wirkt der „Geist Gottes" tatsächlich?

Bei allem, was wir am Medizinrad betrachten und bedenken, sollten wir immer das Zentrum, die Mitte im Auge behalten, und schon löst sich das Rätsel. An das Wahrwerden meiner Träume glauben heißt nicht: Ich kann alles haben, was ich WILL. Es bedeutet: Ich bekomme genau das, WAS GUT FÜR MICH IST!

Betrachte heute die Natur unter diesem Gesichtspunkt! Beobachte die Lebensräume aller Geschöpfe, den wechselnden Untergrund, die Bodenbeschaffenheit! Begutachte den Standort, die Eingepasstheit in Winkel und Nischen, die Nähe zum Wasser oder den überragenden Platz an der Sonne! Erfreue Dich am herrlichen, wunderbaren Gefüge von Gräsern, Blumen und Sträuchern! Schau genau hin, wie Tiere und Pflanzen zusammenspielen, so dass jeder bekommt, was er für seine Existenz benötigt!

Entdecke heute, wie GUT alles gemacht ist, auch für Dich!

28. Mai

Hast Du gestern von ganzem Herzen erfahren dürfen, wie gut für uns alle gesorgt ist? Spürst Du mit Leib und Seele, wie sehr wir miteinander verbunden und aufeinander angewiesen sind?

Wir sind nicht alleingelassen. Jeder Grashalm hat sein Fleckchen Erde, wo er hingehört, jedes Blättchen einen Ast, an dem es sich festhält.

Wenn bei uns Menschen trotz alledem immer wieder Ängste aufsteigen, liegt das ausschließlich an unserer komplizierten Denkweise. So sehr uns der Intellekt dazu verhilft, schwierige Situationen zu durchschauen und zu meistern, so hinderlich ist er für uns, wenn es darum geht, das Große Ganze zu überblicken und auf einen GUTEN Verlauf der Dinge zu vertrauen.

Heute wollen wir mit einer höchst einfachen Körperübung unsere zwei Hirnhälften miteinander verbinden, um den Vorteil des stressfreien, voll funktionsfähigen Denkens besser nutzen zu können.

Bitte stelle Dich aufrecht mit leicht gegrätschten Beinen auf die Erde, beide Arme auf die Seiten gestützt! Nimm die starke, sichere Bodenhaftung wahr, wenn Dein Gewicht sich gleichmäßig auf beiden Füßen verteilt! Mache mit dem rechten Bein und der rechten Hüfte einen sanften Kreis! Wenn Du in der Mitte angekommen bist, kreise mit dem linken Bein und der linken Hüfte! Auf diese Weise malst Du mit Deinem Körper eine Acht über dem Boden, wobei Kopf und Rücken aufrecht bleiben.

Spürst Du, wie bei diesen sanften Bewegungen Dein Geist immer mehr zur Ruhe kommt? Diese Übung wird Dich die nächsten Wochen über begleiten und täglich daran erinnern, wie sich ein „gesundes Zusammenspiel" anfühlt.

Ich wünsche Dir viel Freude an Deinem beweglichen Körper!

29. Mai

Hast Du heute schon mit den Füßen eine liegende Acht gemalt und die beruhigende Wirkung genossen? In dieser hochaktiven Zeit benötigen wir dringend Unterstützung, um zum Verschnaufen zu kommen.

Da uns Hirsch und Schmetterling mit ihren Ideen überfluten und die bunten Bilder unserer Wünsche so greifbar scheinen, jagen sich in unseren Köpfen die widersprüchlichsten Gedanken.

Bitte achte genau darauf, wo sich negative Vorstellungen einschleichen und Deiner Vision vom GUTEN, erfüllten Leben einen Streich spielen!

Nehmen wir heute ein Beispiel aus dem körperlichen Bereich! Jede/r von uns kennt aus eigener Erfahrung einen hartnäckigen, anhaltenden Schmerz. Sicher, vielleicht hast Du Dich gestoßen, ein Zahn schreit um Hilfe oder Du hast Dich überarbeitet. Aber warum dauert dieses Signal, wenn es im Gehirn angekommen ist, solange an und lässt uns nicht mehr los?

Hinter jedem hartnäckigen Schmerz steht ein hartnäckiger Gedanke: *Warum muss ich so leiden? Wieso hilft mir keiner? Sicher hört das nie mehr auf! .....*

Zugegeben, es ist nicht ganz EINFACH, umzudenken, aber höchst WIRKSAM! Probiere es beim nächsten Mal doch aus!

Jetzt in der Position der Maisaussaat können wir mühelos neue Gewohnheiten in unseren Köpfen einpflanzen. Viele Pflanzen und Heilsteine warten schon darauf, uns dabei zu helfen.

Halte bitte heute Ausschau nach den Schafgarben! Sie sind bereits zu stolzer Höhe gewachsen und öffnen gerade ihre weißen Blütenkörbe. Betrachte sie aufmerksam und nimm innerlich Kontakt mit ihnen auf! Bewundere die zart gefiederten grünen Blättchen!

Einen guten, schmerzfreien Tag bis morgen!

30. Mai

Bestimmt hast Du einige Schafgarben entdeckt. Falls Du Dir nicht ganz sicher bist, wirst Du die ersten Male im Blumenbuch nachschlagen müssen, besonders wenn Du die Blüten und Blätter in den nächsten Wochen zu Heilzwecken ernten möchtest.

Aufgrund ihrer Mineralien und Bitterstoffe wirkt die Schafgarbe gegen vielerlei Beschwerden. Mit roh zerdrückten Blättern kannst Du bei Zahnweh und Ohrenschmerzen eine lindernde Auflage herstellen.

Um Dir aber wirklich nachhaltig zu helfen, reicht es wohl nicht aus, allein den Körper zu behandeln. Erst wenn Du VERSTEHST, warum und worunter Du gerade leidest, werden Deine inneren Heilkräfte freigesetzt und die Umwandlung zum GUTEN kann stattfinden. Vielleicht ist das der Grund, wieso zahlreiche Heilmaßnahmen Erstverschlimmerungen oder Nebenwirkungen hervorrufen.

Die entscheidende Veränderung geht Hand in Hand mit einem veränderten, erneuerten Bewusstsein. Es gibt zahlreiche Bücher über die Organsprache, in denen Du Dich genauer informieren kannst.

Aber am besten hilfst Du Dir, wenn Du Dir die Zeit nimmst, nach innen zu lauschen, und auf Deinen eigenen Körper hörst. Die Antwort liegt immer tief in Dir verborgen und Du allein wirst wissen, was AUF DICH zutrifft.

Bitte beobachte heute, welche Signale Dein Körper aussendet, um sich Dir mitzuteilen! Schenke dem Bauchgrimmen, dem Kopfdruck, dem Ziehen in der Hüfte einen KURZEN, aber liebevollen Moment der Aufmerksamkeit!

Hallo, was willst du mir sagen?
Warum meldest du dich gerade jetzt bei mir, wo es mir gar nicht rein passt?
Was kann ich für dich tun, dass es dir wieder gutgeht?

Du wirst augenblicklich eine heilende Reaktion wahrnehmen dürfen. Der Schmerz verteilt sich im Körper, und je mehr Raum er in Anspruch nehmen darf, um so leichter und druckfreier wird die störende Empfindung, bis sie ganz verschwunden ist.

Sie wird nicht mehr gebraucht, denn da ist ein neuer Gedanke in Deinem Kopf:

DANKE, dass es mir jetzt so GUT geht!

Ich wünsche Dir einen zugleich spannenden und entspannten Tag bis morgen!

Schafgarbe

31. Mai

Fühlst Du Dich gut heute Morgen? Ich hoffe es sehr für Dich. Werde bitte nicht ungeduldig, wenn sich Dein Befinden nicht augenblicklich ändert oder Du einmal „rückfällig" wirst! Betrachte es einfach als den liebevollen Hinweis Deines Körpers, dass Deine Seele Aufmerksamkeit von Dir einfordert! Nimm es dankbar als Hilfe an und als das Wirken des „heiligen", HEIL-spendenden Geistes!

Wenn Du ein derartiges Signal erhältst, sei es eine Unpässlichkeit, ein Schmerz, eine Irritation, wende Deinen Blick nach innen, höre auf die Weisheit in Dir und segne Deinen Körper! Dann erschaffe Dir ein Bild strahlender Gesundheit und Beweglichkeit! Identifiziere Dich mit dem Krafttier des Medizinrades, das Dich zurzeit am meisten anspricht, und fühle, wie seine Vitalität jede kleinste Zelle in Dir ausfüllt! Aufgeladen mit dieser Energie machst Du Dich unabhängig von Außenreizen und bleibst in Deiner eigenen Heilkraft.

Um diese Erfahrung langfristig zu speichern, nütze bitte die Information der Weißen Schafgarbe, die der kalifornischen Essenz Yarrow gleichzusetzen ist:

Selbst Strahlen, Wetter und Umwelteinflüsse
können mir nichts anhaben.
Ich grenze mich ab und fühle mich geschützt.
Körper, Geist und Seele bilden eine wunderbare Einheit.
Das stärkt mein Bewusstsein, vollkommen gesund zu sein.

Ich wünsche Dir einen unverstellten Zugang zu Deinen Selbstheilungskräften!

1.Juni

Bist Du Deinem legitimen Verlangen nach einem gesunden Wohlbefinden schon etwas näher gerückt? Zugegeben, an den freien unbeschwerten Tagen fällt es uns um ein Vielfaches leichter, den Fremdeinflüssen zu widerstehen. Je mehr wir uns im gestressten Zustand befinden, umso schwerer erkennen wir beginnende Grenzüberschreitungen. Außerdem erhebt sich die Frage, wo genau denn die Schranke zwischen mir und dem Außen anzusetzen ist.

Wieder einmal befinden wir uns zwischen zwei Spannungsfeldern. Auf der einen Seite sollen wir uns von den Einflüssen abgrenzen, die allenthalben auf uns einstürmen. Andererseits wünschen wir uns Einssein und Verschmelzung. Als Kind haben wir leider oft zu selten die Erlaubnis erhalten, unseren Eigenraum zu schützen.

Bitte frage Dich heute!
- *Spüre ich deutlich die Grenze zwischen mir und meinen Eltern / Partner/in / Vorgesetzten/ Kindern?*
- *Empfinde ich ein schlechtes Gewissen, wenn ich meine eigene Meinung oder meine Wünsche vertrete?*
- *Mache ich mich abhängig von der Ansicht, Kritik, dem Gerede der anderen?*
- *Bin ich zu neugierig und sensationsfreudig?*
- *Fühle ich mich häufig gelangweilt / verlassen / ausgegrenzt?*

Nimm Dir Zeit für diese wichtigen Antworten, vielleicht bei einem kleinen Spaziergang!

Ich wünsche Dir einen nachdenklichen, erholsamen Tag!

2. Juni

Warst Du gestern alleine unterwegs, um Deinen Gedanken in aller Ruhe nachhängen zu dürfen? Oder hatten die Wünsche der Familie, der Freunde, Deines Partners wieder einmal Vorrang?

Sicher, Du liebst es ja selber, in Gemeinschaft zu sein und etwas „zu unternehmen". Aber bleibt Dir genügend Zeit und Raum FÜR DICH? Manchmal ist ein kleines handgeschriebenes Schild vor der Türe zum eigenen Zimmer (notfalls vor dem Bad) „ BITTE NICHT STÖREN" ein guter Anfang für alle Beteiligten, v. a. für Dich selber (!!!), Dir einen zeitlich begrenzten, wohltuenden Freiraum zum Ausschnaufen und Nachdenken zu gewähren.

Stelle nun noch einmal, ganz für Dich alleine, den Kontakt zur Natur her! Betrachte liebevoll die Pflanzen, ein Tier, das Deinen Weg kreuzt, die Sterne am nächtlichen Himmel! Spürst Du, wie diese Wesen mit Dir in Verbindung treten und Dir ganz nahe sind, ohne Deine Grenzen zu verletzen?

Je mehr auch Du selber respektvoll und achtsam Deine Schritte wählst, um nichts zu verletzen oder zu zertreten, desto inniger wirst Du eine Beziehung aufbauen können zu diesen kleinen alltäglichen Wundern. Schicke Deine freundlichen, bewundernden Gedanken so nahe oder so ferne Du magst! Trotzdem wirst Du immer ganz BEI DIR sein!

Bitte notiere in Deinem Lernheft, was in der Natur Dich ganz besonders anrührt: *Sonne oder Mond, der Sternenhimmel, Blumen, Gräser, Bäume, Tiere, Steine, Wetterphänomene, Dein Gartenteich, ein bestimmter Fluss, das Meer, ein Wasserfall!* Lass Deine Fantasie spielen und wiederhole in Gedanken Deinen Lieblingsspaziergang! Erkenne Deinen momentanen Herzensfreund und bewundere die Schönheit, Kraft, Ausdrucksstärke, die Dich so fasziniert! Nimm diese Vision mit in Deinen Schlaf!

Ich wünsche Dir einen farbenfrohen Traum!

3. Juni

Bist Du noch ganz angefüllt mit den bunten, heilenden Bildern der Natur? Bewahre Dir diesen beglückenden Traum für Deinen oft beschwerlichen Alltag!

Im Lauf der Zeit wirst Du immer häufiger die Erfahrung machen, dass Deine eigene „Vor-Einstellung" gegenüber dem, was Dich erwartet, entscheidend zu einem GUTEN Gelingen beiträgt. Du wirst Dich als den geistigen Schöpfer von Erfolg oder Missgeschick identifizieren, sobald Du gründlich Deine eingefleischten Gedankengänge überprüfst.

Hast Du tatsächlich das GUTE, ja das Unmögliche, das WUNDER-BARE erwartet? Oder war im Hinterkopf schon der Fehlschlag einprogrammiert, die künftige Sorge, die Enttäuschung, die Ver-ZWEI-flung?

Wie machst Du es draußen in der Natur? Hier wissen wir uns zu helfen, indem wir Bedrohungen von vorneherein ausschließen. Stolpersteinen können wir aus dem Weg gehen, Pflanzen scheinen uns im Allgemeinen gut gesonnen und lassen sich mittels Gedankenkraft als zuträglich oder unbedenklich klassifizieren. Die Tiere beherrschen wir mit ein wenig Einfühlungsvermögen oder dank geeigneter Vorrichtungen.

Aus dem Gefühl der Sicherheit heraus hast Du gestern mühelos den Kontakt zu Deinen Lieblingswesen hergestellt und es hat sich GUT ANGEFÜHLT, nicht wahr?
Wie wäre es, heute eine Begegnung zu den Menschen herzustellen in der Gewissheit, dass Du GUT GESCHÜTZT bist?

Schließe die Augen und umgebe Dich gedanklich mit einer blauen Schutzhülle, die Dich vollkommen umfängt! Du bist getragen von einer kraftvollen Energie, die alles abwehrt, was Dir in irgendeiner Weise zu nahekommt und sich unangenehm oder abträglich anfühlt.

Bitte den Erzengel Michael mit seinen Helferengeln um seine starke Hilfe und Unterstützung! Du darfst Dich jetzt ganz sicher und geborgen fühlen.

Egal, wem Du heute begegnest, betrachte ihn genau so liebevoll und freundlich, wie Du gestern Deine Lieblingspflanze oder Dein ausgewähltes Tier angesehen hast! Schenke diesem Menschen einen kleinen neugierigen Vorschuss an Vertrauen und Sympathie! Heute wird Dir niemand zu nahetreten, denn MICHAEL schützt Dich. Nütze diese Kraft, aus eigener freier Entscheidung heraus DEM ANDEREN zu begegnen!

Ich wünsche Dir für diesen Tag aufmerksame Augen und ein offenes Herz!

Engel Michael: Anna, 6 Jahre

4. Juni

Wie ist es Dir gestern ergangen? Konntest Du zu einigen Menschen eine innere Verbindung herstellen, vielleicht sogar Nähe zulassen, ohne gleich in Deckung zu gehen?

Sicher hast Du erlebt, dass es uns bei manchen Leuten von Haus aus schwerer fällt, in Kontakt zu treten. Oft kennen wir sie gar nicht, und doch treten wir innerlich den Rückzug an. Manchmal freilich wissen wir die genauen Gründe, warum wir DEN oder DIE auf keinen Fall an uns heranlassen wollen. Vom Kopf her lässt sich dieses Problem nicht auflösen.

Vertraue auf Deine eigene Kreativität und auf den RICHTIGEN Zeitpunkt! Bis dahin erfreue Dich einfach an den Beziehungen, die Dir bereits gut gelingen, und segne die schwierigen Situationen!

Zur Unterstützung unserer aufbrechenden „Offenheit" holen wir heute Rat bei der Linde. Vielleicht findest Du einen dieser Kraft spendenden Bäume ganz in Deiner Nähe. Du erkennst sie an ihren herzförmigen Blättern, und ihre unauffälligen Blüten an den hellgrünen, gebogenen, sehr schmalen Hochblättern. Jetzt im Juni ist eine günstige Zeit, Lindenblüten zu ernten. Ihr Tee hat Dich sicher schon manches Mal zum Schwitzen gebracht oder Dir eine schlaflose Nacht verkürzt.

Notiere bitte im Lernheft, was Dir die einheimische Linden-Essenz verrät:

Einfühlsam und beweglich vermag ich die Schönheit des Lebens
in allen Ausdrucksformen zu schätzen.
Ich lerne vertrauensvolle Beziehungen
zu anderen Menschen aufzubauen
und fühle mich zugehörig.

Ich wünsche Dir aufmunternde Begegnungen mit netten Mitmenschen!

5. Juni

Fühlt es sich nicht herrlich an, Freunde zu haben? Mit Deiner neuen Einstellung wirst Du täglich den einen / die andere dazugewinnen! Du kannst Dich schon beim Aufstehen dahingehend programmieren, indem Du Dir sagst: *Freudig erwarte ich all die netten Leute, die mir heute begegnen. Ich fühle mich willkommen und eingebunden in der großen Gemeinschaft aller Menschen.*

Damit es Dir wirklich LEICHT fällt, an den Erfolg Deiner neuen Strategie zu glauben, bekommst Du heute einen kleinen Beobachtungsauftrag!

Grüße jeden, der Deinen Weg kreuzt, mit einem freundlichen Lächeln! Ich weiß, das fällt nicht immer leicht! Aber für diesen einen Tag sollte es uns beiden gelingen, nicht wahr? Hierzu ein kleiner Tipp: Sobald Du jemanden auf Dich zukommen siehst, bereite Dich auf die bevorstehende Begegnung vor! Schaue der Person offen entgegen, versuche Blickkontakt herzustellen, evtl. nimmst Du (so wie ich es gerade einübe) die Sonnenbrille ab oder die Hände aus den Hosentaschen! Die freundlichen Reaktionen buchen wir sofort innerlich auf unser Erfolgskonto.

Und dann gibt es da noch jede Menge unangenehmer Erfahrungen: Für den einen sind wir einfach Luft, die andere reagiert vielleicht schnippisch oder unwirsch.

Hier beginnt die eigentliche Aufgabe! Bleibe mit Deiner Reaktion dieses eine Mal ganz bei Dir! Das Dir unangenehme Verhalten des/der anderen ist einzig und allein SEIN/IHR Problem. Vielleicht hat er/sie schlecht geschlafen, ist sie/er in Gedanken ganz wo anders, hat sie/er Sorgen mit den Kindern? EGAL, bleibe jetzt BEI DIR !!!

Schenke Deinem Gegenüber innerlich einen freundlichen Segenswunsch, dass es ihm/ihr ähnlich GUT ergehen möge, wie Du es DIR SELBST für den heutigen Tag erträumst, und dann geh einfach weiter!

Du wirst überrascht sein, wie viele aufmerksame, liebenswürdige Rückmeldungen Du von z. T. wildfremden Menschen im Laufe der kommenden Stunden erhalten wirst!

Ich hoffe, Du entdeckst heute ganz viele freundliche Gesichter!

6. Juni

Sicher hat Dir gestern irgendjemand sein bezauberndstes Lächeln geschenkt. Wer war es? Hast Du ihn oder sie überhaupt gekannt? Ja, ja, das Leben steckt voller Überraschungen!

Übrigens, wie lange hast Du die Übung durchgehalten? Wirklich den ganzen Tag? Oder haben Dich die eine oder andere Reaktion zu arg frustriert, so dass Du keine Lust mehr hattest?

Was wir hier ganz unverbindlich ausprobieren, ist natürlich eine reine Kopfsache! Schließlich befinden wir uns am Medizinrad im östlichen Bereich, wo Geistiges ganz großgeschrieben wird und keine einzige „Gefühls"-Position aufgelistet ist. Nicht einmal das den Hirsch ergänzende, gegenüberliegende Zeichen (der Wapiti) beschäftigt sich mit diesen so natürlichen menschlichen Empfindungen.

Dazu müssen wir bis zum Sommeranfang in zwei Wochen warten. Doch zur Zeit der Maisaussaat werden die wichtigsten Grundlagen ausgelegt, damit wir unseren Gefühlen nicht hoffnungslos ausgeliefert sind.

Jetzt, wo wir beide Hirnhälften immer mehr in Harmonie bringen und ein gesundes Zusammenspiel möglich wird, entwickeln wir Stärke über unser Selbst.

Mit ein bisschen mehr Voraussicht und natürlich einer gehörigen Portion Übungseinheiten lassen sich die alte Bitterkeit, der flammende Zorn, die aufkeimenden Ängste RECHTZEITIG ins eigene Blickfeld holen. Es ist die Zeit für Philosophen und Lebenskünstler.

Es wird Dir helfen, wenn Du dabei einen festen Stand hast. Höre auf die Bachblüte Clematis:

Gut geerdet verwirkliche ich meine Träume
und setze meine Vorstellungen praktisch um.
Ich bin aktiv und handlungsfähig.

Beobachte heute wie ein schlauer Detektiv, wo in Deinem Leben es „hakt", wo Du Dir von Menschen Deiner nächsten Umgebung „die Freude am Dasein" verderben lässt, leider mit Deiner HÖCHSTPER-SÖNLICHEN ERLAUBNIS !!!

Heute Abend, wenn Du einige „Kandidaten" beisammenhast, schicke ihnen einen freundlichen Segenswunsch! Macht nichts, wenn Dir das Ganze ein wenig „scheinheilig" vorkommt! Der Zweck HEILIGT die Mittel wirklich. Lass den schöpferischen Geist nur machen!

Ich wünsche Dir einen hellen, freundlichen Tag!

Clematis

7. Juni

Kommt Dir Dein Leben inzwischen schon ein kleines bisschen schöner und leichter vor?

Immer wenn Dir das Herz schwer wird und Du trübe Gedanken vor Dir herschiebst, verbünde Dich innerlich mit den Rehen und Hirschen des Waldes! Springe mit ihnen leichtfüßig über Moospolster und Fichtenzapfen, verbirg Dich im Gebüsch vor der Bitterkeit des Alltags!

Sei hellhörig und lass Dich nicht mehr erwischen von Deiner eigenen Schwarzmalerei! Du wirst schnell merken, wie GUT Dir die neue Einstellung tut: an Deinem wachsenden Wohlbefinden!
Gönne Dir Gesundheit, es steht tatsächlich in DEINER MACHT !!! Selbst der Weg aus schwerer Krankheit führt immer in die Richtung, die DU vorgibst! Wo Heilung nach Meinung der Ärzte nicht mehr möglich ist, gibt es in jedem Falle Besserung oder Linderung. Vertraue dem Glauben an das GUTE! Lass die Auslöser von Schmerz und Verzweiflung hinter Dir, flüchte vor ihnen wie der umsichtige Hirsch!

Bitte überlege bis morgen sehr gründlich, welche Deiner gesundheitlichen Probleme Du mit Deiner Lebensgeschichte in Verbindung bringst. Wurde Dir Unrecht getan, hast Du einen schweren Verlust erlitten, neidest Du jemandem seine Vorteile?

Was es auch sei, nichts ist zu groß, um es nicht in einen Rucksack zu verpacken und im Meer zu versenken, es wie ein altes Holzteil zu verbrennen oder es mit Säure zu übergießen und zu warten, dass es sich auflöst. Nichts ist zu schwierig, um es nicht einfach den Engeln zu übergeben und sie um eine gute Lösung zu bitten!

Lass diesen Tag ein neuer Anfang sein hin zu einem leichten, versöhnten Leben!

8. Juni

Bist Du einen Teil Deiner Last losgeworden?
Sicher ist der Akt der Vergebung und Versöhnung eine der schwierigsten Herausforderungen unseres Lebens. Oft glauben wir, wir hätten den Prozess durchlitten und bewältigt, aber dann melden sich die alten Probleme in anderer Form doch wieder. Es ist wie bei einer Zwiebel. Unter jeder Haut, die uns die Tränen in die Augen treibt, erscheint eine weitere. Doch mit jedem Schälvorgang gewinnen wir an innerer Kraft und kommen unserer Mitte näher.

Suche Dir dazu heute stärkende Nahrung für Deine Gedanken bei der Eberesche! Halte bei einem Spaziergang Ausschau nach diesen Bäumen, die im Herbst mit roten Vogelbeeren behängt sind! Zurzeit sind die weißen wölkchenartigen Blüten bereits verblüht. Dafür entdeckst Du schon winzige, rotbraune Kügelchen in handtellerförmiger Anordnung.
Wie die rot leuchtenden Vogelbeeren im Herbst, sorgfältig zubereitet als Mus, Gelee oder Schnaps, Deiner Gesundheit auf vielfache Weise zuträglich sein können, roh hingegen ungenießbar sind, solltest Du Deine Gedanken stets so umwandeln, dass sie Dir weiterhelfen!

Bitte notiere im Lernheft die Information der einheimischen Essenz „Eberesche":

Je mehr mein Geist nach Wahrheit und Lauterkeit strebt,
umso leichter finde ich zu einer vollkommenen Einheit des Seins
und zu umfassender Gesundheit.
Ich lerne die immer gleichen Fehler zu vermeiden.
So wird Vergebung und Versöhnung möglich.

Ich wünsche Dir einen frohen Tag in der Kunst des Neuanfangs!

9. Juni

Fühlst Du Dich ein wenig leichter als sonst, beschwingt und heiter wie nach einem Glas Sekt, und das ganz ohne Nebenwirkungen? Solange es Dir gelingt, mit der Eberesche im Gleichklang zu schwingen, wirst Du die unbeschwerte Seite des Lebens besser wahrnehmen und genießen können.

Vielleicht macht es Dir in dieser Stimmung Freude, wieder mal einen Heilsteinladen aufzusuchen. Du solltest Dich bis nächste Woche nach folgenden Steinen umsehen: Moosachat, Chalcedon und grüner Andenopal! Auch wenn wir geistig zurzeit hoch aktiv erscheinen, das Gefühl schläft nie und wird Dich bei der Auswahl richtig anleiten.

Aber unser Hauptaugenmerk werden wir weiter auf unsere Gedanken legen. Sicher hast Du bereits gelernt, dass letztendlich unser Kopf entscheidet, wie GUT Du Dich fühlst.

Bitte liste bis morgen die Bereiche auf, b i denen sich noch Ungeduld, Schwere oder Besorgnis versteckt halten!

Was möchtest Du als Nächstes angehen? Welcher Lernschritt macht Dich flugfähig, um die lästigen kleinen Hindernisse elegant zu umsegeln? Es ist immer noch Schmetterlingszeit, Erlaubnis für das heitere, bunte Leben inmitten blühender Wiesen!

Gibt es irgendetwas, das Dir die Freude raubt, Deine Kraft mindert, die Sonne verdunkelt?

Zum genauen Hinsehen braucht es scharfe Augen und einen klaren Geist. Nütze die frühen Stunden des Tages und atme tief die frische, kühle Morgenluft! Sammle die noch unverbrauchten Energien und tanke innerlich auf, damit Du immun wirst gegen Hektik und Ärger, gegen Mutlosigkeit und Leere!

Bitte notiere auf einem Zettel, was Du ganz konkret verändern möchtest!

Ich wünsche Dir Frische für Deinen Alltag!

10. Juni

Betrachte Deinen Zettel! Wie schwer wiegt er in Deiner Hand: schwer genug, um HEUTE klar Schiff zu machen?

Schließe die Augen und spüre die Kraft tief in Dir drinnen! Du bist Teil der wunderbaren Natur da draußen. Du hast beobachtet, wie in Feld und Garten die Pflanzen sprießen, blühen und Früchte hervorbringen. Alles funktioniert auf so EINFACHE unbekümmerte Weise. Wir können bloß nicht verstehen, WIE die Abläufe sind. Hier ist Staunen angebracht, eine Fähigkeit unseres Gehirns, die in der heutigen Zeit ein wenig zu kurz kommt.

Öffne jetzt die Augen und fasse heute den Vorsatz, nichts als selbstverständlich hinzunehmen! Erinnere Dich bei jeder Blume, bei jedem Baum, bei jedem Stück Obst oder Gemüse an den winzigen Kern, aus dem gerade diese eine, unverwechselbare Pflanze gewachsen ist! Der Same, ein wenig Wasser, vielleicht noch Licht und Dünger, kann das allein genügen, um solch ein Resultat zu erhalten?

Sei heute wie ein kleines Kind, wie ein Fremdling auf der Erde, für den alles NEU und WUNDERBAR erscheint, sei ohne Logik und Verstand, lass die Erklärungsversuche! Sieh einfach hin, berühre, schmecke und STAUNE!

Am Abend darfst Du Deinen Zettel der Schwere und Ratlosigkeit im Feuer verbrennen! Wenn Du die Kerze anzündest oder am Lagerfeuer sitzt, betrachte, wie das Papier in Rauch aufgeht! Auch dieses ist ein Vorgang, der uns fernab der Logik wunderbar berührt! Sieh, wie sich die Zustände ändern! Lass einfach geschehen, dass auch in Dir Transformation stattfindet!

Ich wünsche Dir einen ungewohnten und ungewöhnlichen Tag!

11. Juni

Bist Du gestern Deine Last losgeworden, wenigstens ein kleines Stück weit?

Betrachte heute dieses bunte Leben! Ich hoffe, es hat für Dich an Farbe gewonnen! Geh auf die Suche wie ein unbekümmerter Schmetterling in der Gewissheit, dass überall Blumen auf Dich warten, mit ihrem köstlichen, nährenden Nektar! Betrachte die Pfingstrosen im Garten, die Margeriten, den aufblühenden Jasmin! Tauche ein in diese herrliche Welt von Farben und Düften! Geh optimistisch in die Zukunft!

Wenn Du ein eigenes Kräuter- und Gemüsebeet besitzt, bist Du beim Säen und Setzen, beim Jäten und Ernten sowieso ständig im direkten Kontakt mit Deinen Pflanzen. Aber das Staunen dürfen wir täglich üben, weil uns vieles so zur Gewohnheit geworden ist. Wer alle Lebensmittel im Laden kaufen muss, kommt vielleicht noch weniger zum Nachdenken.

Nimm heute die Obstfrüchte besonders aufmerksam und liebevoll in die Hände! Wasche und putze die Salatblätter erst, wenn Du mit geschlossenen Augen die Erde spüren und riechen kannst, aus der sie gewachsen sind! Berühre die Zwiebeln, Gelben Rüben und Rettiche zärtlich, bevor Du sie schneidest! Mache Dir bewusst, dass sie lebende Wesen sind, genau wie Du!

Spüre das Band, das uns Menschen mit der Natur in all ihren Formen verbindet!
Dies ist die Kraft, die Dich nährt und trägt.
Die Erde ist unsere Mutter.
Knie Dich heute nieder im Gras, auf Moospolstern, im Sand und spüre ihre Nähe!

Ich wünsche Dir einen Tag voller Düfte und sinnlicher Berührungen!

12. Juni

Hast Du Dich gestern so richtig eingebunden gefühlt in das Geschehen der Natur? Riechst Du nicht unweigerlich den Duft von Holunder und Rosen, von Getreidefeldern, von frischer Erde nach einem kräftigen Regenguss?

Da wir über die Düfte am schnellsten, oft fast unmerklich, Beziehungen aufbauen, sind Kräuter- und Gewürzpflanzen so wichtig für uns. Wenn die Schwingungen, die sie aussenden, genau zu uns passen, wirken sie überaus heilsam auf unser Energiesystem.

Jetzt im Frühling, wo wir besonders sensibel und aufnahmefähig sind, sollten wir unsere Unterscheidungsfähigkeit trainieren, wann immer es uns möglich ist. Lass Dich vom ausströmenden Aroma der frischen Kräuter anleiten!

Welche Pflanze ruft Dich, welche „spricht" Dich an? Mit vielen bist Du in den vergangenen Wochen und Monaten schon in engere Beziehung getreten: Löwenzahn, Wegerich, Beinwell, Brennnessel, Kerbel, Quendel.

Die besondere Gewürzpflanze dieses Monats ist der Anis. Nur selten sehen wir seine weißen Blüten in unseren Gärten, aber Du kennst den unverwechselbaren Duft.

Wenn möglich, öffne jetzt das entsprechende Tütchen im Küchenregal und atme den Geruch tief ein! Ansonsten schließe einfach die Augen und erinnere Dich an den Duft der weihnachtlichen Anisplätzchen oder an den gewürzten Hefezopf, den vielleicht Deine Oma früher gebacken hat!

Immer, wenn Du Deine Speisen mit einem bestimmten Geschmack bereichern möchtest, lausche zuerst tief in Dein Inneres!

Höre auf den Namen, der sich als Erstes meldet, dann rieche an der gewählten Zutat, erinnere die zugehörigen Blätter, Blüten oder Samenfrüchtchen und würze in dem Bewusstsein, dass genau diese Pflanze Dir etwas ganz Wichtiges mitzuteilen hat!

Es wäre praktisch, wenn Du in Deinem Lernheft die Informationen gespeichert hast!

Bitte notiere nun über den Anis:

Anmutig und umsichtig wie ein Hirsch
bewegen sich meine Gedanken.
Ich erkenne, dass ich gesund bin.

Erlebe heute die Heilkraft des gesprochenen Wortes!

Anis
Gemeinfrei: Prof. Dr. Otto Wilhelm

13. Juni

Merkst Du, welchen Unterschied es macht, Dein Essen mit der richtigen, „zu Dir passenden" Würze zu versehen?

Um Deinem Leben einen neuen, GUTEN Geschmack zu geben, solltest Du Dir von nun an keine einzige Chance entgehen lassen! Selbst wenn Du es oft eilig hast und vielleicht zuweilen auf Fertigkost angewiesen bist, kannst Du das Essen mit einem spontan gewählten Gewürz INDIVIDUELL für Dich verfeinern.

Um in Übung zu kommen, stelle Dir Deine Lieblingskräuter (frisch oder getrocknet) zusammen und wähle ganz spontan, was Dich HEUTE besonders anspricht! Danach liest Du im Lernheft die Bedeutung der ausgesuchten Pflanze nach.

Bei manchen Kräutern kannst Du vielleicht keine Information finden. Gut so!! Denn jetzt beginnt es spannend zu werden. Schließe die Augen und rufe Dir die gewünschte Pflanze ins Gedächtnis! Male sie Dir so genau wie möglich, ihre Blüten, die Samenstände! Rieche ihren Duft! Berühre vorsichtig ihre Blätter! Begutachte ihren Standort! Was benötigt sie, um zu gedeihen? Wie tief sind ihre Wurzeln?

Schenke ihr jetzt in Deiner Vorstellung alles, was sie braucht: Sonnenwärme, einen sanften Regenguss, ein wenig Kompost!

Und nun bitte diese Pflanze um ihre Mithilfe! Was kann sie Dir mitteilen? Was erzählt sie Dir über DICH und Dein innerstes Wesen? Was berichtet sie Dir über Deine Sehnsüchte und Träume?

Diese Botschaften sind so kostbar, dass Du sie unbedingt schriftlich festhalten solltest! Die Wirkungsweise der Blüten-Essenzen sind alle auf diesem Wege gefunden worden. Und Deinen ganz persönlichen Satz kannst immer nur DU SELBER entdecken!

Ich wünsche Dir einen besonders kreativen Tag bis morgen!

14. Juni

Wie gerne würde ich erfahren, was Dir DEINE Pflanzen mitgeteilt haben!

Diese besondere Art der Meditation kannst Du zu Deinem Besten natürlich bei allen möglichen Gelegenheiten anwenden. Auch ganz gewöhnliche Steine „sprechen" mit uns, wenn wir auf sie hören.

Mach Dich doch heute mal auf die Suche nach einem Fluss- oder Kieselstein, der mit einem auffallenden Muster gezeichnet ist! Manchmal erinnern die Striche und Linien fast an einen Buchstaben. Die Runenzeichnungen früherer Völker scheinen solche natürlichen Formen nachzuahmen. Natürlich kannst Du Dich in speziellen Büchern umfassender informieren, welche Bedeutung der von Dir gefundenen Linienführung zugeordnet ist. Aber besonders spannend bleibt die eigene meditativ gefundene Antwort.

Wenn Du am Medizinrad mit Deiner speziellen „Rune" arbeiten möchtest, kannst Du mit Deinen Händen oder mit dem ganzen Körper die aufgezeichnete Form darstellen und die passenden Laute singen.

Ein Beispiel: Du findest einen Stein mit deutlich sichtbarem senkrechtem Strich. Das erinnert Dich an den Buchstaben I. Um dieses Symbol nachzuahmen, stellst Du Dich ganz aufrecht, mit nach oben gerichteten Armen hin. Lege den gefundenen Stein in das Zentrum Deines Medizinrades, ersatzweise einfach mitten auf den Boden! Während Du den Stein umrundest, schaue konzentriert zu dieser Mitte! Nun atme tief ein und singe mehrmals den Laut, an den Dich Dein Zeichen erinnert, in diesem Fall ein I: *i i i i i, danach iiiaaa, iiieee, iiiooo, iiiuuu* !

Beispiel für B: *b b b b b, baaa, beee, biii, booo, buuu* !

Spüre nun nach innen, nimm die Kraft wahr, die in Dir aufsteigt! Denke an all die Menschen, die vor Dir genauso gesungen und empfunden haben! Du sprichst mit ihnen, sie sprechen mit Dir! Diese Verbundenheit braucht keine Verstandesworte, aber viel Offenheit und Respekt vor Deiner eigenen Wahrnehmungsfähigkeit.

Ich wünsche Dir einen Tag intensiver Erfahrungen!

15. Juni

Hast Du gestern bereits „Deine" Rune gefunden? Du kannst natürlich immer wieder mal abwechseln. Jeder unserer menschlichen Laute ist einzigartig und versetzt uns in eine besondere Schwingung.

Heilende Gesänge finden sich bei allen Völkern. Je mehr wir lernen, auf die KRAFT IN UNS zu hören und zu vertrauen, um so leichter kommen die Selbstheilungskräfte in Gang, ohne die uns weder Ärzte noch Medikamente weiterhelfen könnten.

Die Bereiche, bei denen wir besondere Unterstützung benötigen, melden sich sofort, wenn im Außen eine passende „heilende" Schwingung angeboten wird.

Achte also konzentriert auf alle Zeichnungen und Formen, die Dich besonders ansprechen. Wabun wird Dir helfen, Deine Aufmerksamkeit so konzentriert aufrecht zu erhalten, dass Du die Symbole entschlüsseln kannst. Das regelmäßige, eintönig erscheinende Wiederholen des immer gleichen Lautes stimuliert die zugehörigen Körperregionen und Organe.

Halte Ausschau nach den Ahornbäumen. Egal welche Sorte Du betrachtest, ob Spitz- oder Bergahorn, ob grün oder leuchtend rot gefärbt, auffällig sind jedes Mal die zackigen Blätterspitzen, die fast an den Buchstaben A erinnern.

Probiere heute die Lautfolge:
a a a a a, aaaeee aaaiii aaaooo aaauuu
Spüre hin, wie in besonderer Weise Dein Herzchakra stimuliert wird!

Zum Schluss notiere bitte die Information der Essenz des Ahorns:
Ich fühle, wie aller angestaute Stress abzufließen beginnt.
Innere Leichtigkeit erfüllt mich
und schafft Raum für frische, neue Energien.
Endlich bin ich bereit, Dinge in Angriff zu nehmen oder zu beenden.

Begegne heute Deinem ganzen Umfeld mit weit geöffnetem Herzen!

16. Juni

Merkst Du, wie wir Schritt für Schritt vorankommen?! Erfreust Du Dich an der Stärke, die der Ahorn in Dir wachruft? Bist Du bereit, den neuen Kräften in Deinem Leben Raum zu geben, so dass TAT-sächlich Veränderung möglich wird?

Kraft und Mut gehören zusammen. Du brauchst verlässliche Helfer auf Deinem Weg, um nicht wieder von den alten Mustern eingeholt zu werden. Das gesprochene und das geschriebene Wort sind solche Trutzburgen. Notfalls solltest Du immer einen kleinen „Spickzettel" parat haben, wenn sich die eingefleischten Reaktionen melden und Dein Denken in frühere Richtungen abdriftet. Gedanken lassen sich durch regelmäßige Wiederholung durchaus erziehen.

Machen wir es uns heute LEICHT, geben wir unserem Gehirn handfeste Unterstützung! Sicher hast Du inzwischen einen Moosachat besorgen oder zumindest betrachten können. Hast Du Dich für einen grünen oder einen roten entschieden? In jedem Fall verschafft uns die moosartige Struktur unweigerlich eine Brücke zur Natur. Lass Dich entführen in das Reich des Hirsches, in ein gesundes Umfeld, wo Du frei atmen kannst, wo es Dir von Herzen GUT geht! Wieder einmal darfst Du Dir bewusst werden, was Du wirklich zum Leben brauchst.

Vielleicht ist der Moosachat allein nicht mächtig genug, um all das zu verbannen, was Dich noch in die Enge und Abhängigkeit treiben möchte.

Suche Dir einen Verbündeten in der geistigen Welt! Dank seiner Schwingung wirkt der Moosachat auf Dein Herzchakra ein. Auf der 4. Station des „inneren Kindes" begegnest Du den liebevoll heilenden Engeln *Haniel* und *Raphael*.

Falls Du Dich angesprochen fühlst, notiere Dir auf Deinem Merkzettel beide Namen, um ihre kraftvolle Hilfe jederzeit zu erinnern und aufrufen zu können!

Sei gut begleitet an diesem Tag!

17. Juni

Hast Du spüren dürfen, wie Dich der Moosachat selbstbewusster und sicherer auftreten lässt? Fühlst Du Dich heute bereits wohler als sonst?! Trägst Du die Namen der „Herzens"-Engel bei Dir oder skandierst Du weiterhin eine der wohlklingenden Runen?

Vielleicht sitzen Deine Ängste tiefer, haben sich so in Deinem Kopf eingenistet, dass Du sie trotz aller Bemühungen nicht loswerden konntest. Je krampfhafter wir uns gegen Denkblockaden, Stress und Unruhe wehren, desto fester setzen sie sich fest. Jede Situation, die nur entfernt an eine Prüfung erinnern könnte, wirft uns aus dem Gleichgewicht, sodass uns selbst die einfachsten Dinge nicht mehr einfallen.

Hier hilft uns ein besonders hübscher indianischer Heilstein, der grüne Andenopal. Ich hoffe, Du hattest bereits das Glück, ihn einmal in Händen zu halten. Seine zarte Farbe und die glatte, geschmeidige Oberfläche bringen unweigerlich Dein fünftes Chakra in Schwingung, zugleich berührt er sanft Deine Herzebene.
Versetze Dich mit geschlossenen Augen in das Reich der Anden, wo dieser wunderschöne Stein gefunden wurde. Vielleicht fühlst Du Dich intuitiv vom Ruf der indianischen Völker angezogen. Dann hast Du einen wichtigen Begleiter gegen Deine alten Ängste gefunden.

Zusätzlich erwartet Dich auf der fünften Station des „inneren Kindes" der Engel *Gabriel*, dessen kraftvolle Energien augenblicklich in Dich einfließen, sobald Du ihn anrufst. Nur Du allein kannst wissen und spüren, ob Du seine Begleitung zurzeit benötigst und auch zulassen willst. Wenn ja, schreibe seinen Namen auf den Merkzettel, den Du heute bei Dir trägst!

Ich wünsche Dir einen ruhigen, friedvollen Tag!

18. Juni

Hast Du bereits einen passenden Begleiter gefunden, der Dein Denken zur Ruhe kommen lässt und Dich auf kraftvolle Weise mit der geistigen Welt verbindet?

Heute wollen wir den dritten Monatsstein auf uns wirken lassen, der neben dem Halschakra auch noch das Stirnchakra in Schwingung versetzt, nämlich den Chalcedon. Falls er Dir zur Verfügung steht, nimm ihn jetzt gleich zur Hand und betrachte ihn aufmerksam! Ansonsten konzentriere Dich mit geschlossenen Augen auf ein intensives, streifig verlaufendes Hellblau!

Spüre genau hin! In dem Moment, wo Deine beiden Hirnhälften nicht mehr gegeneinander arbeiten, sondern friedvoll zusammenspielen, gibt es keinerlei Hinderungsgründe, Dich der Welt zu zeigen. Voller Selbstvertrauen kannst Du mit anderen Menschen in Kontakt treten, mit ihnen sprechen, vielleicht sogar eine Rede halten. Du wirst besser schlafen und im Bewusstsein Deiner Dir geschenkten Fähigkeiten hellt sich Deine Stimmung deutlich auf.

Hole Dir zusätzlich Hilfe von OBEN!
Der himmlische Begleiter *Michael* reinigt Dich von alten Lasten und Du kannst neu durchstarten. Das Einzige, was Du selber zu tun hast, ist der Augenblick der Stille und des „Nach innen Lauschens", um den heilenden Kontakt herzustellen.

Nimm Dir die Zeit, Dich selbst zu finden! Lass Dich einfach führen!

19. Juni

Die Arbeit mit den heilenden Kräften der Steine und das Sich-Einlassen auf die Begleitung der Engel geht niemals spurlos an uns vorüber. Sicher nimmst Du die Veränderung wahr, die sich in Deinem Leben abzeichnet. Es hängt einzig von unserer eigenen Bereitschaft ab, wie viel NEUES und GUTES wir an uns herantreten lassen.

Um das rechte Maß zu finden, gilt es sehr aufmerksam auf die eigene innere Stimme zu hören. Es ist wie bei den Steinen. Die einen, z. B. die Kieselsteine, lieben die Sonne und können nicht genug davon bekommen. Der Moosachat dagegen braucht bloß einmal im Monat ein ausgiebiges Sonnenbad.

Empfindliche Steine lassen sich nur nachts aufladen. Dabei benötigt der Chalcedon Unterstützung durch Amethyststeine, der Andenopal bevorzugt Bergkristalle.

Höre also sehr genau hin, wie viel an „Sonne" und Licht Dir guttut, wie viel Energie Du derzeit aufzunehmen vermagst! Wie in allen Bereichen Ehrgeiz eher schädlich ist, solltest Du auch bei Deiner Spiritualität in einem gesunden Fluss bleiben.

Lass Dich in einem Dir angemessenen Tempo leiten und führen! So wie die Tage im Frühling unmerklich länger geworden sind und die Sonnenstunden längst gegen die Nacht gewonnen haben, wirst Du voranschreiten, ohne Dir überhaupt Gedanken machen zu müssen. Öffne Dich einfach für das geistige Licht! Erleuchtung muss nicht über Dich hereinbrechen wie die Mittagshitze. Manchmal ist es der kleine Funke in dunkler Nacht. Aber halte Dich bereit!

Schau ein letztes Mal auf Steinadler und Hirsch! So unterschiedlich diese beiden Symboltiere sind, beide reagieren auf das winzigste Signal. Beide sind höchst konzentriert, die kleinste Veränderung wahrzunehmen. Da ist kein Platz für Ablenkung, aber auch keiner für Langeweile!

Wenn Du BEI DIR ankommst, bist Du der Mitte ganz nahe. Sprich die Namen Deiner begleitenden Engel, singe die Runen, umrunde das Medizinrad!

Behalte das Zentrum im Auge!

20. Juni

Heute beenden wir den östlichen Weg des Medizinrades. Wenn Du ein wenig zurückblickst, siehst Du, wie nahe wir der Mitte, dem göttlichen Geist gekommen sind. Jeder kleine Schritt im Kreis wird zum meditativen Ruhepunkt, sobald Du Dich den Tieren, Pflanzen und Steinen mit Deinem ganzen Sein öffnest. Damit das Gelernte immer tiefer in Dich einsinkt, hast Du die wichtigen Informationen im Lernheft gesammelt und begonnen, Dich über die Sprache auszudrücken.

Solltest Du ins Stocken geraten oder Sehnsucht verspüren, der Mitte noch näher zu kommen, kannst Du beginnen, mit der linken Hand zu schreiben (falls Du Rechtshänder bist). Auf diese Weise überlistest Du das logische, ach so kluge Denken und erhältst unmittelbare Rückmeldungen Deiner intuitiven Seite.
Versuche es heute im Lernheft! Schreibe auf:
Ich habe gelernt ....

Betrachte zum Schluss die Silberpappel! In der Otter-Position sind wir der ähnlichen, bekannteren Zitterpappel begegnet. Doch diesmal sind die Blätter auf der Rückseite nicht glatt und hellgrün, sondern weich filzig und silbrig.
Mit wenigen Worten fasst dieser imposante Baum die Erkenntnisse zusammen, die wir im Laufe der letzten vier Wochen gesammelt haben:
Ich öffne mich meinen intuitiven Fähigkeiten
und höre auf meine innere Stimme.
Alte Ängste fallen von mir ab.
Jetzt fällt es mir leicht, neue Wege zu gehen.

Erfreue Dich am hellen Licht des erstarkten Jahres! Trete heraus aus dem Schatten und stelle Dich der Sonne!

Ich wünsche Dir einen mutigen Schritt bis morgen!

Ausblick

Wenn Du fleißig am Ball geblieben bist, hast Du jetzt genau ein halbes Jahr durchschritten und konntest Dir über Deine Ziele klar werden.
Es ist Zeit, Dein Blickfeld noch weiter zu öffnen, um andere Menschen und Dich selbst besser zu verstehen.
Es ist Zeit für den Sommer!

Besonders „Hirsch-Persönlichkeiten", die im Übergang vom Frühling zum Sommer geboren sind, also ab dem 18. Juni, werden das nächste Medizinradzeichen mit viel Spannung erwarten. Das ist ganz natürlich, denn Ihr steht schon mit einem Fuß in dieser neuen Energie. So viel sei bereits verraten: Es handelt sich um das Zeichen Specht. Hier lernen wir, unserem inneren Kind offen zu begegnen.

Der Süden ist eine heiße, wilde Zeit. Er weckt in uns allen die Kräfte, die wir besonders im Winter so nötig brauchen werden. Den im Frühling und im Herbst geborenen Menschen gibt er den nötigen gefühlsmäßigen Halt und die Chancen, unsere Beziehungen aufzufrischen und zu heilen.

Lasst uns JETZT gemeinsam unsere Kräfte bündeln, denen wir im Frühling unter der Anleitung des großen geistigen Führers Wabun begegnen durften. Bedanken wir uns für die wunderbaren Heilungsschritte der Klarheit, Weisheit, Erleuchtung, die uns täglich ein wenig mehr zur großen göttlichen Mitte führen.

Wenn unser Geist ganz zur Ruhe findet,
ganz im gegenwärtigen Sein, ganz in der HEILUNG,
werden wir für uns und die Welt Heilung finden.

Danke, dass IHR dabei seid!

Anhang : Die Chakren-Stationen

1.Station: das Wurzelchakra   Farbe ROT

Das Kind in dieser Station möchte sich verwurzelt fühlen.
Sein tiefster Wunsch ist:
Ich bin eins mit allem.

Das befreit von angstbesetztem Geiz,
schafft Ordnung und Großzügigkeit.

In dieser Station nimmt das kleine Kind
zum ersten Mal
bewusst seine Außenwelt wahr.
Zugleich vorsichtig und tapfer
begutachtet es die neuen Eindrücke
und genießt erste Kontaktaufnahmen.
Sein Streben heißt:

Ich sehe dich und achte dich.

3. Station: Das Solarplexus - oder Nabelchakra Farbe GELB

Hier nimmt sich das kleine Kind
endlich bewusst selbst wahr.
Es entdeckt seine eigene Kraft,
seinen eigenen Willen.
Sein tiefer Wunsch lautet:

**Ich bin ich
und bestimme selbst.**

4. Station: Das Herzchakra Farbe GRÜN und ROSA

Diese Station schafft den Ausgleich
zwischen den irdischen
und geistigen Bedürfnissen.
Das Kind erlebt die Macht
der Liebe und der Vergebung.
Es lernt, was Uneigennützigkeit bedeutet.
Seine ganze Sehnsucht lautet:

**Ich tauche ein
in die göttliche Liebe.**

Das Kind gelangt zu seiner inneren Weisheit.
Es entdeckt die Qualität des Glaubens
und findet zugleich Zugang
zu seiner persönlichen Autorität.
Getragen von Selbsterkenntnis,
kann es den göttlichen Willen annehmen
und nach außen tragen,
z. B. ungehindert sprechen.
Sein Bestreben heißt nun:

Ich bin frei, mich und meine Gaben zu zeigen.

Das Kind gelangt zu seiner inneren Wahrheit.
Es findet gleichzeitigen Zugang
zu intellektuellen Fähigkeiten und zur Inspiration.
Hier erkennt es seine eigentliche Berufung.
Sein Bestreben heißt nun:

**Ich werde bewusst und lerne
Wahrheit von der Illusion zu trennen.**

Unser inneres Kind
gelangt zur Stufe des spirituellen Erwachens.
Es erlebt völlige Verbundenheit mit allem Sein
und verwirklicht sich
in echter Hingabe.
Sein einziger Wunsch lautet:

Ich erlebe die Glückseligkeit des jetzigen Augenblickes.

Anhang 2: Die Chakren-Entsprechungen

Zu jeder Chakrastation findest Du Empfehlungen
zu passenden Aura Soma - Balanceflaschen,
Heilsteinen und Düften

Erste Station: vorwiegend Rot

Aura Soma:
Nr. 5 gelb über rot
Nr. 6 rot über rot
Nr. 55 klar über rot

Heilsteine:
Blutachat (auch 2.)
Flintstein (auch 3. u. 6.)
Granat (auch 2.)
Hämatit
roter Jaspis (auch 2.)
rote Koralle
Mookait
Rosenquarz (auch 4.)
Rubin (auch 4.)
schwarzer Turmalin (auch 6. u. 7.)

Düfte:
Jasmin
Lemongrass (auch 3.)
Linaloeholz
Myrrhe
Olibanum = Weihrauch (besonders 7.)
Patchouli

Rosengeranie (auch 4.)
Rosenholz
Sandelholz (auch 2., besonders 7.)
Verbena (auch 6.) Bitte nicht in der Schwangerschaft und bei Epilepsie!
Vetiver
Ylang-Ylang (auch 2. u. 7.)
Zitrone (auch 3.)
Zypresse (auch 3.) Bitte nicht in der Schwangerschaft verwenden!

Zweite Station: vorwiegend Orange

Aura Soma:
Nr. 26 orange über orange

Heilsteine:
Aprikosenachat
Bernstein (auch 1. u. 3.)
Carneol (auch 1.)
Fleischachat (auch 1.)
Gold
Goldfluss
Hyazinth = Zirkon
roter Jaspis (auch 1.)
Katzenauge (auch 1.)
Mondstein (auch 5. u. 6.)
Naturcitrin
Orangencalcit (auch 3.)
Sarder
Sonnenstein (auch 3.)

Düfte:
Bergamotte (auch 3.)
Cistrose Bitte nicht in der Schwangerschaft anwenden
Ho-Blätter
Neroli (auch 4.)
Rosengeranie (auch 3. u. 4.)
Sandelholz (auch 1. u. 7.)
Tonka
Tuberose
Ylang-Ylang

Dritte Station: vorwiegend Gelb

Aura Soma:
Nr. 4 gelb über gold
Nr. 14 klar über gold

Heilsteine:
Bernstein (auch 1. u. 2.)
Breckzienjaspis
Citrin (auch 1. u. 2.)
Citrinocalcit
gelber Fluorit
Girasol = Hyolith
Gold (auch 2.)
gelber Goldtopas
gelbe Jade
Landschaftsjaspis
Orangencalcit (auch 2.)
Pyritsonne
Rutilquarz (auch 5.)
Schwefel
Septarien
Tigerauge
Tigereisen (auch 1.)

Düfte:
Bergamotte (auch 2.)
Fenchel (Bitte nicht in der Schwangerschaft und bei Epilepsie!)
Grapefruit
Immortelle
Karottensamen (auch 4.)
Lavendel (auch 7.)
Lemongrass (auch 1.)
Mandarine

Mimose
Muskatellersalbei
Neroli (auch 2. u. 4.)
Rosmarin (auch 5. u. 6.)
Wacholder (auch 4.) Bitte nicht in der Schwangerschaft!
Zeder (auch 4.) Bitte nicht in der Schwangerschaft!
Zitrone (auch 1.)

Vierte Station: vorwiegend Grün und Rosa

Aura Soma:
Nr. 3 blau über grün
Nr. 10 grün über grün
Nr. 13 klar über grün
Nr. 43 türkis über türkis (zwischen 4. u. 5.)
Nr. 86 klar über türkis (zwischen 4. u. 5.)

Heilsteine:
Amazonit (zwischen 4. u. 5.)
Aquamarin
Aventurin
Chrysopras
Hiddenit
Jade
Kunzit
Malachit
Moosachat
Moosopal (auch 6.)
Morganit
Nephrit
Olivin = Peridot
Prasem
Rhodochrosit (auch 3. 2. 1.)

Rhodonit (auch 2.)
Rosenquarz
Silberauge
Smaragd
Türkis (zwischen 4. u. 5.)
grüner Turmalin
rosa Turmalin
Unakit
Verdit

Düfte:
Geranie (auch 2. u. 3.)
Jasmin (auch 2. u. 7.)
Latschenkiefer
Melisse (auch 3.)
Neroli (auch 2. u. 3.)
Rose (auch 1. u. 7.)
Wacholder (auch 3.) Bitte nicht in der Schwangerschaft!

Fünfte Station: vorwiegend Hellblau

Aura Soma:
Nr. 2 blau über blau und Nr. 12 klar über blau

Heilsteine:
Amazonit (zwischen 4. u. 5.)
blauer Andenopal
Apatit (auch 4.)
Aquamarin
Blauquarz = blauer Aventurin (auch 6.)
blauer Calcit (auch 6.)
Chalcedon
Chrysokoll (auch 4. u. 6.)
Coelestin=Aqua Aura
Dumortierit (auch 6.)
Lapislazuli (auch 6.)
Larimar
Rutilquarz (auch 3.)
Saphir (auch 6. u. 7.)
Sardonyx (auch 1. u. 6.)
blauer Topas
Türkis (zwischen 4. u. 5.)

Düfte:
Cajeput
Iris (zwischen 4. u. 5.)
Kamille blau und Kamille römisch
Ravensara
Salbei
Sandelholz (auch 2.)
Ylang-Ylang (auch 2.)
Ysop

Sechste Station: vorwiegend Farbe Indigo

Aura Soma:
Nr.1 blau über tiefmagenta

Heilsteine:
Azurit (auch 7.)
Azurit-Malachit (auch 4.)
Falkenauge (auch 5.)
Fluorit (auch 3.)
Gold (auch 7.)
lila Golfluss
Iolith (auch 5.)
Lapislazuli (auch 5.)
blauer Saphir (auch 5. u. 7.)
Sodalith (auch 5.)
Tansanit
Turmalinquarz

Düfte:
Elemi
Immortelle (unterstützt rechte Hirnhälfte)
Limette
Minze piperita = Nanaminze
Thymian (unterstützt linke Hirnhälfte)
Verbena (auch 1.) Bitte nicht in der Schwangerschaft!
Wacholder (Hellsehen) Bitte nicht in der Schwangerschaft!

Siebte Station: vorwiegend Violett und Weiß

Aura Soma:
Nr.1 blau über tiefmagenta
Nr. 16 violett über violett
Nr. 15 klar über violett
Nr. 0 königsblau über tiefmagenta (8. Chakra)

Heilsteine:
dunkelvioletter Amethyst
Ametrin (auch 1.) Nur für Meditationsgeübte!
Azurit (auch 6.)
Bergkristall
Blue-Moon
Charoit
Diamant
violetter Fluorit
Gold
Goldtopas
Granat (auch 1.)
Magnetit
Rauchquarz
Rubin (auch 1.)
Saphir (auch 6.)
Sugilith (auch 6.)
schwarzer Turmalin = Schörl

Düfte:
Angelika (zusammen mit Heilstein Hiddenit 8. Chakra)
Lavendel (auch 3.)
Mandarine (zusammen mit Heilstein Goldtopas)
Myrte
Olibanum = Weihrauch
Rose (auch 1. u. 4.)
Sandelholz (auch 1. u. 2.) sowie Veilchenblätter

Verzeichnis aller erwähnten Pflanzen von A bis Z

Verzeichnis aller erwähnten Steine von A bis Z

Literaturhinweise

Albrodt Dirk Hrsg.: Illustrierte Enzyklopädie der Blütenessenzen, Bände 1, 2, 3 Edition Tirta, Reise Know-How, Peter Rump Verlag Bielefeld

Aschenbrenner Eva: Die Kräuterapotheke Gottes. Sammeln und Anwenden, Franckh-Kosmos Verlag 2005

Aschenbrenner Eva: Die Kräuterapotheke Gottes 2: 40 neue Heilpflanzen, Franckh-Kosmos Verlag 2006

Besser-Siegmund Cora und Siegmund Harry: Coach your self – Mit NLP die eigenen Fähigkeiten ausschöpfen, Econ Taschenbuch Verlag 1996

Choquette Sonia: Chakra Balancing, Verlag Hermann Bauer 2000

Die große Enzyklopädie der Heilpflanzen
Neuer Kaiserverlag Klagenfurt, 1994

Edition Methusalem: Das große Lexikon der Heilsteine, Düfte und Kräuter, Methusalem Verlags - GmbH, Neu-Ulm

Graf Bernhard: Heilen mit Edelsteinen, GU-Verlag München 1999

Dr. Grüber Isa: Praxisbuch Kinesiologie, Südwest Verlag München 1998

Hay Louise L.: Gesundheit für Körper und Seele, Wilhelm Heyne Verlag München 1989

Hühn Susanne: Loslassen und Reichtum schaffen: Die ideale Fülle finden in 12 Schritten, Schirner Verlag 2004

Kreuter Marie-Luise: Der naturgemäße Kräutergarten, BLV Verlag München

Krystal Phyllis: Die inneren Fesseln sprengen,
Ullstein Taschenbuch 2006

Lackner Ferry: Das Licht der Engel, Windpferd Verlag 1998

Myss Caroline: Chakren - Die sieben Zentren von Kraft und Heilung
Droemersche Verlagsanstalt Th. Knaur Nachfolge, München 2000

Summer Rain Mary: Leben und Heilen mit der Natur, Earthway,
Bauer Hermann Verlag 1994

Sun Bear & Wabun Wind: Das Medizinrad
Goldmann Verlag, Arkana 1997

Sun Bear, Wabun Wind, Crysalis Mulligan: Das Medizinrad Praxisbuch
Goldmann Verlag, Arkana 1997

Tolle Eckhart: Jetzt! Die Kraft der Gegenwart
J. Kamphausen-Verlag & Distribution GmbH Bielefeld 2000

Warneck Igor: Ruf der Runen, Schirner Verlag 2001

Bücher von Rita Kasparek, erschienen beim BoD Verlag

Reihe: Das Medizinrad als Schlüssel zum Glück

Teil 1 Innenschau
Gesamtüberblick, die wichtigsten Grundkräfte, vier Geistige Führer, vier Wege zum Zentrum

Teil 2 Die Gabe des Winters
Hauptthema Körper, Finanzen, Beruf
22. Dezember bis 19. Januar

Teil 3 Der Zauber des Frühlings
Hauptthema Geist, Ziele, Neuanfang
21. März bis 20. Juni

Teil 4 Die Melodie des Sommers
Hauptthema Gefühle, Beziehungen
21. Juni bis 23. Oktober

Teil 5 Die Farben des Herbstes
Hauptthema Lebenssinn, Seele, Spiritualität
23. September bis 21. Dezember

Teil 6 Die vier Wege zur Mitte
Übungsbuch mit Jahresüberblick anhand der vier heilenden Wege nach Innen: Aktivierung von Herzenswünschen bei den Positionen der Wintersonnwende, Sommersonnwende, Frühlings- und Herbst-Tagundnachtgleiche.

Teil 7 Die Quadratur des Kreises
Übersichtliche Darstellung der Zusammenhänge am Medizinrad: Sich selbst und die anderen besser verstehen lernen; Hilfsmittel für systemische Darstellungen.

Teil 8 Gutes für Körper, Geist, Herz und Seele
Begegnung mit Medizinradpflanzen, die uns ansprechen und zugleich in irgendeiner Weise körperlich wohltun, sei es die Schönheit der Blüte, der Wohlgeschmack von Obst, Gemüsen, Kräutern, die Wirkung von Tees oder die Besonderheit von Düften.
Interessant wird es, wenn wir uns dabei auch auf Widerstände einlassen, seien es Unverträglichkeiten, Allergien oder Abneigungen.

Reihe: Lachen und Weinen mit Marlene

Der ganz gewöhnliche Alltag einer Medizinrad-Lehrerin

Band 1: ISBN 978-3-7392-1437-5
Ausschnaufffen im Altweibersommer - Marlenes Seelen-Bratgeber

Band 2: ISBN 978-3-8693-7238-9
Abschied ist das Allerletzte - Marlenes Trauer-Bratgeber

Band 3: ISBN: 978-3-7481-4837-1
Glücklich in jeder Beziehung - Marlenes Kuschel-Bratgeber

Dank

Mein herzlicher Dank gilt der wohlmeinenden geistigen Führung durch Sun Bear und die höheren Mächte, ohne die ein solches Buch nicht entstehen kann.

Danke auch an die vielen treuen Begleiter/innen, die mich durch ihre liebevollen Energien am Medizinrad immer wieder neue Erfahrungen machen ließen, oder in irgendeiner Weise an Text und Bild mitgewirkt haben.

Ein besonderer Dank geht an meine beiden lieben Korrekturleserinnen Margot und Elisabeth!

Kontakt zur Autorin

Rita Kasparek, Jahrgang 1950, ist Montessoripädagogin und leitet eine kleine Selbsthilfestelle. Ihre Spezialgebiete sind das indianische Medizinrad, die fgh-Methode zur Selbsthilfe und Selbstheilung, Bachblüten und Alltagskomik.

Wer neugierig geworden ist und gerne selber mal im Kreis von Gleichgesinnten das Medizinrad aus der Nähe erleben möchte, kann sich über die regelmäßigen Veranstaltungen der Selbsthilfestelle P-Angelis informieren unter www.p-angelis.blogspot.com

Unter E-Mail-Adresse kasparek.r@gmx.de kannst Du mit der Autorin persönlich Kontakt aufnehmen.